人物叢書

新装版

ジョセフ＝ヒコ

近盛晴嘉

日本歴史学会編集

吉川弘文館

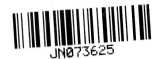

ジョセフ＝ヒコ肖像

——リンカーンと握手したころ，アメリカで撮影——

『海外新聞』

↑『新聞誌』

←筆写『海外新聞』（京都大学、上野文庫所蔵）

故郷に建てられた「新聞の父・浜田彦蔵《ジョセフ＝ヒコ》の碑」

著者の執筆した碑文

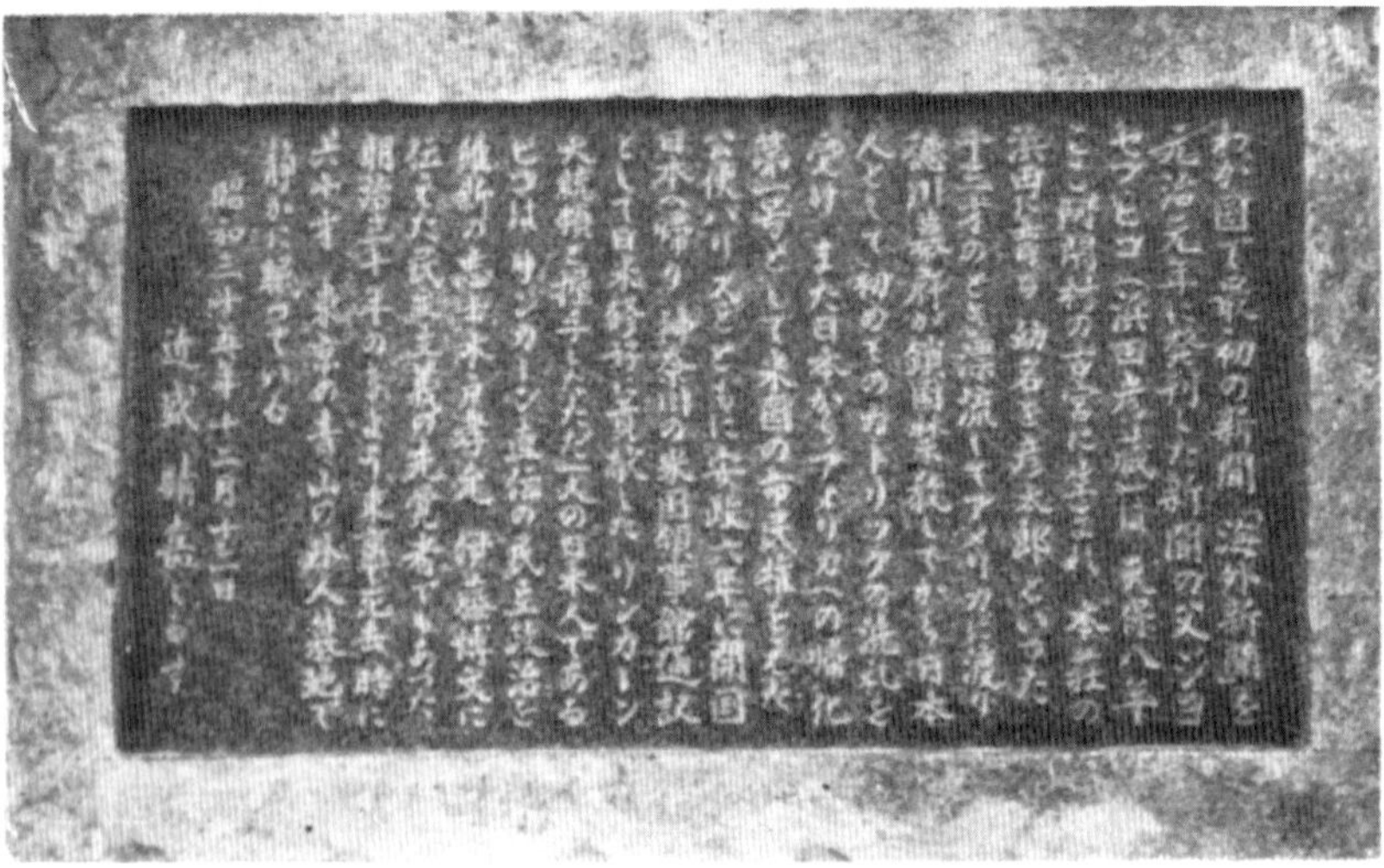

はしがき

わが国に新聞が生れて百年。昭和三十九年は、わが国の新聞の父ジョセフ＝ヒコが発刊した『海外新聞』百年祭の記念すべき年である。

幕末、播《ばん》州（兵庫県）の百姓の子として生れた彦太郎少年は、十三歳のとき漂流してアメリカに渡り、徳川幕府の鎖国禁教後、日本人として最初のカトリックの洗礼を受け、わが国からアメリカへの帰化第一号として米国の市民権を得、ジョセフ＝ヒコと名乗った。そして、ヒコは、リンカーン大統領と握手した、ただ一人の日本人として、リンカーン直伝《じきでん》の民主主義をわが国に伝えた、民主主義の先覚者でもあった。

ヒコには子供がなく、東京青山の外人墓地にある「浄世夫《ジョセフ》彦之墓」は、無縁仏となっていた。一研究者であるわたしは「ジョセフ・ヒコ墓地保存会」をつくって、その墓を守るようになった。また、鋹子《ちょうこ》未亡人の死後、その遺骨が墓標もなく納められていたのを、わたしの名で青山の夫ヒコの墓に改葬し、夫妻は六十年ぶりにそのところを一にし、親族の方々にも喜ばれた。

　ヒコをわが国の「新聞の父」と最初に呼んだのも、わたしであった。ヒコの『海外新聞』が、ヒコ自伝のいうように、元治元年（一八六四）六月に発刊された事実も、わたしの発見した「岩男書簡」によって立証され、わが国の新聞誕生の年は確定した。また、わたしは、ヒコがカトリックの洗礼を受けた日を正確にし、さらにアメリカに帰化した日をアメリカの裁判所で確認して、『ヒコ自伝』の欠を補った。そうして、ヒコの『海外新聞』を終始購読した、全国でたった二人の、わが国の新聞愛読者の草分けである「肥後（熊本県）のショウムラ」と「柳川（福岡県柳川市）のナカムラ」が、荘村省三と中村祐興であることも明らかにすることができた。

　『海外新聞』百年祭を迎え、世界に誇る日本の新聞文化の礎《いしずえ》をきずいたヒコと、その『海外新聞』の歴史を明らかにすることは、まことに意義が深い。百五十年祭・二百年祭と、ひきつづき、わが国の新聞界が、こぞってこの新聞の父ヒコに感謝の念を深くするようにいたしたいと願う。それは、およそ新聞を読むほどの人々にとっても、意義のあることである。

昭和三十八年八月二十一日

近盛晴嘉

目次

はしがき
一　新聞の父ジョセフ＝ヒコ……………………一
二　播州に生れアメリカに漂流……………七
三　鎖国禁教後最初のカトリック受洗者……一五
四　日本からアメリカへの帰化第一号……二三
五　懐しの日本へ九年ぶりに帰る…………三四
六　花やかな幕末外交界に登場……………四四
七　咸臨丸の遣米使節にも奔走……………四九
八　リンカーンと握手、民主主義を伝える……六〇
九　長崎時代のヒコ…………………………七三
一〇　ヒコと生れ故郷…………………………七七

一一　神戸時代のヒコ……九二
一二　鋹子夫人、浜田家を再興……一〇一
一三　東京時代のヒコ……一〇六
一四　『漂流記』と『ナレティブ』……一一〇
一五　「浄世夫彦之墓」……一一七
一六　「ヒコ墓地保存会」生る……一三五
一七　ヒコと新聞……一五一
一八　『海外新聞』以前……一五九
一九　『海外新聞』以後……一七一
二〇　『海外新聞』……一七四
二一　通説となった慶応発刊説……一八八
二二　「岩男書簡」で元治創刊立証さる……一九五
二三　本間清雄のこと……二一三

二四　岸田吟香のこと……二四二
二五　肥後の荘村省三……二五三
二六　柳川の中村祐興……二六六
二七　わが国の新聞誕生記念日……二七七
略　年　譜……二八一
参考文献……二八八

口絵

ジョセフ＝ヒコ肖像……巻頭
『新聞誌』……巻頭
『海外新聞』……巻頭
筆写『海外新聞』……巻頭
故郷に建てられた「新聞の父・浜田彦蔵《ジョセフ・ヒコ》の碑」……巻頭
著者の執筆した碑文……巻頭

挿図

『ヒコ自伝』所載のヒコの生家……三
栄力丸の遭難……三
神戸ヒコ居址碑……四
日本の新聞百年感謝奉告祭……六
ヒコの洗礼証明書……一七
ヒコが洗礼を受けたボルチモアの教会……一七
米国ボルチモア地方裁判所から送られたヒコの帰化についての書簡……二五
ケーリさんから著者にあてた書簡……二六—二七

『ワシントン＝イブニング＝ニュース』紙……二三
ヒコとウェン＝リード……四八
伊藤博文・木戸孝允・ヒコ……六五
ヒコ死亡届……一〇九
ヒコ自伝『ナレティブ』……一一三
浄世夫彦之墓……一一八
ヒコ墓地保存会の基金寄託領収書……一四六
鋹子夫人の改葬許可証……一四九
『もしほ草』第一編……一九七
『プライス＝カーレント』……二一八—二一九
ブラックの日新真事誌社……二二三
岩男書簡……二二四—二二五
本間清雄……二三三
若き日の岸田吟香……二四三
荘村省三……二五四
中村祐興……二六七

一　新聞の父ジョセフ＝ヒコ

朝寝して新聞読む間なかりしを
負債のごとく
今日も感ずる

と、啄木の歌ったような経験は、誰しも持つ。世間では、それほど新聞を楽しみにし、待ち遠しがって読んでいる。われわれは小学校卒業の前後から新聞を読みはじめ、おそらく一生の間、死にいたるまで読む。人々は新聞によって、その社会生活を味わっている。

この新聞というものを、わが国で初めて発刊し、われわれ日本人に、最初に教え示した人、その人こそジョセフ＝ヒコであった。

『海外新聞』は、わが国最初の新聞

わが国最初の新聞であるヒコの『海外新聞』は、元治元年（一八六四）六月に発刊され、わが国の文化に画期的な意義を加えた。このヒコの『海外新聞』が、社会とともに成長、時代とともに発展して、今日の日本の新聞文化を建設したのである。

漂流してアメリカに帰化

ジョセフ＝ヒコ――こう書けば、全く知らない人は、外国人かと思うであろう。が、ヒコは天保八年(一八三七)八月二十一日、兵庫県加古《かこ》郡播磨《はりま》町の水呑み百姓の子供として生れ、幼名を彦太郎といった。ヒコは彦太郎の「彦」である。播磨町は神戸の西、明石から姫路にゆく海岸ぞいにある。

十三歳の秋、船で江戸から故郷への帰途のある日、正確にいえば嘉永三年(一八五〇)十月三十日、遠州灘に突発した暴風が、少年彦太郎を、わが国の新聞の父ジョセフ＝ヒコに出世させた。徳川幕府の鎖国時代では、播州の名もない少年が、どうもがいても、アメリカへ渡航して、文化の先覚となる手だてはなかった。ただ、彼を襲った突風が、求めて得られず、願ってかなえられない一つの進路〝漂流〟をもたらした。

『ヒコ自伝』所載のヒコの生家

栄力丸の遭難（『ヒコ自伝』所載）

神戸の文化的史跡

神戸市は昭和十年に、「本邦民間新聞創始者ジョセフ＝ヒコ氏居址」碑を、神戸市中央区中山手通六丁目の海員掖《えき》済《さい》会病院前に建て、戦災後の今日も残っている。幕末の元治元年に、ヒコが『海外新聞』を発刊したのは、横浜であった。この横浜で発行した新聞発刊者の、明治になって住んだ神戸の居址が、昭和の今日、ミナトコウベの文化的史跡となっているのは、ヒコが、わが国の「新聞の父」であるからである。

郷土の記念碑

日米修好百年祭を迎えた昭和三十五年十二月、ヒコの生れ育った故郷の人々は、

神戸のヒコ居址碑

「新聞の父・浜田彦蔵《ジョセフ＝ヒコ》の碑」を播磨《はりま》小学校校庭にたて、郷土の先覚を顕彰《けんしょう》した。碑文は、わたしが書いた。ヒコが徳川幕府の鎖国禁教後、日本人として最初のカトリックの洗礼を受け、日本からアメリカへの帰化第一号として米国の市民権をえたこと。公使ハリスに伴われて開国日本に帰り、神奈川の米国領事館通訳として日米修好に貢献したこと。リンカーン大統領と握手したただ一人の日本人であるヒコは、リンカーン直伝の民主政治を、維新の志士木戸孝允《たかよし》・伊藤博文《ひろぶみ》に伝えた民主主義の先覚者でもあったことなどが刻まれている。

除幕式の十九日は、朝十時から講堂で記念講演会があり、わたしの「新聞の父ジョセフ＝ヒコ」と題した講演があって、直ちに除幕に移った。参列者には、大阪書籍発行の『中学国語』三年教科書にわたしの書いた「新聞の父ジョセフ＝ヒコ」の抜刷をおくった。

新聞百年祭

「日本の新聞百年感謝奉告祭」が東京・青山の「浄世夫彦之墓」墓前で行われ

たのは、昭和三十九年六月二十八日であった。この日、ヒコを助けて、わが国の新聞記者第一号となった本間清雄の長男・信一氏と、ヒコの『海外新聞』を定期に購読、わが国の新聞愛読者の草分けとなった中村祐興の三男・三郎氏の代理として祐興の孫・安武鶴子さんが、ヒコの墓前で初めて対面、固く握手して、二人ならんで、「新聞の父・ヒコ」に感謝の花を捧げた。

故郷の人々は、ヒコを「新聞というものを発明した人」と語り伝えている。

日本の新聞百年感謝奉告祭

「新聞を発明」とは、田舎らしくて面白い。播磨小学校校歌は、「伝説ゆかしく　先覚《よきひと》あまた　風土記《ふどき》は伝える　歴史は語る　海越え行きし　人勇ましく」と歌い、播磨音頭《おんど》は「むかしアメリカ　八重潮《やえしお》越えて　かおる新聞文化の花を　ホンニ日本に　咲かせた人は　ぼくの　わたしの浜田彦」と、たたえている。

文化の恩人

わたしらは「ジョセフ・ヒコ墓地保存会」をつくり、毎年、十二月十二日のヒコ忌に墓前祭を行って、新聞の父ヒコに感謝の誠をささげている。ヒコの生涯を思うとき、われわれの心の奥に、文化の恩人として、永遠にのこる先覚者―新聞の父ヒコを追慕するの情、切なるものを覚える。

二　播州に生れアメリカに漂流

古宮に生れる

ヒコは、天保八年(一八三七)八月二十一日、播州(兵庫県)播磨町の古宮《こみや》に生れた。天保八年といえば、大塩平八郎の乱のあった年である。

浜田に移る

父は、彦太郎が生れて一年ほどで病死、母は数年後に、古宮から隣の浜田に再嫁、彦太郎も連れられて浜田に移った。養父の吉左衛門は船頭で、江戸通いのため留守勝であり、彦太郎は母と家を守って、寺子屋に通った。幕末、播州の片田舎ながら、寺子屋に通ったことは、恵まれた境遇であったといえよう。

彦太郎は十二歳の春、従兄が金比羅詣でに行くのについて琴平、岩国(山口県)の錦《きん》帯《たい》橋などを見物して帰宅した。その日、母は久しぶりに無事に帰った愛児の元気な姿を見た喜びのあまり、卒中をおこして他界した。

船で江戸へ

彦太郎は、その年の秋、十三歳となった。そして養父の乗っていた灘《なだ》の酒造家の持船「住吉丸」で、兵庫から養父に伴われて、初めて江戸見物に旅立った。たまたま紀州熊野で、同国の船頭万蔵らの乗っている「栄力丸」に出会った。少年彦太郎が船に乗っているのを見て、「感心だ、いい子だ」とほめてくれた「栄力丸」の人々にすすめられ、彦太郎は新造船「栄力丸」に乗りかえた。人に好かれる可愛い少年彦太郎だったらしい。

遠州灘で暴風にあう

これが最後の別れになるともしらず、父の船より早く江戸に到着、将軍の江戸城・浅草などを見物、折りかえし江戸から故郷への帰途、遠州灘で暴風にあい、漂流した。

漂流してアメリカへ

太平洋を漂流すること五十余日、遭難の十七名は、アメリカの商船オークランド号に救われ、翌嘉永四年二月、サンフランシスコに着いた。トリート教授 Payson Jackson Treat の『日本とアメリカ』に、「一八五一年二月にきた十七人の日本漂流民が、日本からカリフォルニア州にきた最初の日本人である」とあるのが、ヒコらのことである。

英学事始記

吸いもののなかにあった四足獣の肉を口にして、不浄の身になったことを後悔し、「ことわざにいう〝知らぬが仏《ほとけ》〟で、神ならぬ身の獣肉と知らずに食べたのですから、どうか日本の神々よ、お許し下さい」と、海水で口をすすいで罪を謝し、憐れみを乞うたり、ペンを上下に動かして書く英語の横書を、波の形を写しているのだろうと思い、「ジャパン」「ジェド」とは、どこの国であろう。江戸といえば、日本の国は地図にあるような小さな国ではないと考え、サンフランシスコで「ハウ・アー・ユー」How are you? といわれたのを、「かわいい」と呼ばれたと聞き違い、彼は日本語を知っていると思って話しかけ、失敗した。また、招かれた席についてみると、向う側にも日本人がいる。おお、懐しの日本人だ、と思ったら、鏡に映った自分らであった——というのが、彦太郎の英学事始《ことはじめ》記であった。

「桑港《ここ》にいると、硫黄《つけぎ》に書いて流したら、浜田《くに》の人のところにとどくだろうか。もし、とどいたら亡母《かあさん》が喜ぶだろうな」とは、彦太郎とともに漂流、帰国してから姫路藩主酒井侯の命で、大工指南役として、わが国初期の西洋型帆船「神護丸」を造った播磨町の清太郎の孫、本庄せいさんが、祖父談として、わたしに語った、彦太郎が今は亡き母に無事帰国を念じたころのプロフィールである。

マカオまで帰る

そのころ、アメリカは国務長官ウェブスター以来の東洋政策で、日本に開国を求めようとしていた。漂流した十七名を日本に送りかえし、国交開始のきっかけをつかもうと、翌嘉永五年（一八五二）三月、米艦セント＝マリー号に乗せハワイ・マニラ・香港《ホンコン》を経てマカオまで連れてゆき、ペルリの東洋艦隊に乗せ、日本に送りかえす手はずをとった。

ところが、大西洋からインド洋まわりのペルリの艦隊は、艦船の修理に意外の時日を要し、ノーフォーク港出港も、彦太郎らより八ヵ月おくれたその年の十一月二十四日で、香港着は翌年四月であった。当時、中国は太平天国の乱が起こり、洪秀全《こうしゅうぜん》の最盛時で、江南《こうなん》一帯は長髪賊の手中にあった。

再びアメリカへ

なかなか来航しないペルリを待ちくたびれているとき、一行の世話役トーマス＝トロイが、「もう一度アメリカに行き勉強しないか。英語も教えてあげよう。

二-三年もすれば日本も開国するだろう。そのときは送りかえしてあげる。英語を勉強し、アメリカの知識を得ることは、一身のためばかりでなく、日本のためにもなる」と、親切にいってくれた。彦太郎は治作・亀蔵と三人で一行とわかれ、十月の初め、再びアメリカへゆくことにした。

他の人々は、船頭万蔵がハワイへの帰途に病没、仙太郎がペルリに伴われて日本に帰り、岩吉が英国領事オルコックに従って帰国し、ほかの十一名は、音吉という漂流民の世話で安政元年（一八五四）七月、中国の船で長崎に帰った。ヒコと再びアメリカに渡った亀蔵は、日米修交使節の新見《しんみ》豊前守（正興）らがナイアガラ号で帰途、香港に立寄ったとき願い出て帰国、治作もその前年、函館に帰った。

再びサンフランシスコに着いた彦太郎は、税関長のサンダースに特に可愛いがられた。サンダースはボルチモアの富豪で、サンフランシスコに銀行も経営していた。ワシントンに行くときも彦太郎を連れてゆき、彦太郎は北米東岸に足を踏み入れた最初の日本人となった。彦太郎はニューヨークで初めて電信・ガス燈・汽車を見てビックリした。

ピヤース大統領に会う

ワシントンでは、時の大統領ピヤースに「この少年が日本からきた彦太郎です」と紹介された。日本人で、アメリカ大統領と正式に会見した最初の人、という栄誉を、彦太郎はこのとき受けたわけである。

ブキャナン大統領にも

日本では、大名でもなかなか下々《しもじも》のものには会わないのに、この広いアメリカの大統領が、サンダースと同じフロック＝コートを着て、儀式ばらず、侍者もなく、気安く握手し、同輩と語るようにへだてなく話すのを見て、彦太郎は、日本でなら、代官でもこんなに心安くはないと思った。その後、上院議員グインは、大統領ブキャナンにも彦太郎を会見させ、彦太郎を国務省に雇い入れたら、早晩、開国する日本との和親のためによいだろうと推薦した。が、これは成功しなかった。

ボルチモアでミッション＝スクールに入る

ピヤース大統領は、彦太郎の素質に目をつけ、学校に入れて教育するようサンダースにすすめた。そこで彦太郎はサンダースの故郷ボルチモアのカトリック＝ミッション＝スクールで聖書・英語・算数などを勉強した。ボルチモアのジョンス＝ホプキンス大学は、一八七六年に創立され、アメリカでもっとも古い大学といわれる。ボルチモアはそういう環境をもった土地であった。彦太郎の人物と、後年のアメリカ人そのままの英語の力は、このボルチモアのミッション＝スクールと、のちサンフランシスコ大学になった学校に学んで養われた。

米人そのままの英語

雑誌『英語青年』の明治四十二年九月十五日号 The Rising Generation 欄に、ヒコの東京小石川原町の家を買った高島捨太氏から聞いた話として、ヒコのことを「体格の大きい、立派な人で、始めから終りまで英語のみで話す。実に立派な英語で、米人そのままである。……衣食住すっかり米国風で、話しは英語、書くは英文、洋館に洋服、全く米人であった」と書いている。

ヒコの聡明さと、誠実な人柄は、多くの人々から愛された。土屋元作氏は明治二十八年、ニューヨーク州のシーブライトという避暑地で日本雑貨店の店番をしたとき、半白の一米人から「アヽ君は、我兄弟ヒコの同国人ではないか」と抱きつかれた思い出を『新聞の元祖』に述べている。この人は、ヒコを「実に愛すべき少年であつた」と追想、「アヽ、ヒコの消息が知りたい、ジョーゼフ＝ヒコの生死が知りたい」と語ったという。

三　鎖国禁教後最初のカトリック受洗者

カトリックの洗礼を受ける

熱心なキリスト教信者であったサンダース夫人のすすめで、彦太郎は一八五四年（嘉永七年）十月三十日、ボルチモアでカトリックの洗礼を受けた。神父があげたいくつかの名のうち、耳にこころよくひびいた「ジョセフ」のクリスチャン＝ネームを用い、「ジョセフ＝ヒコ」と名乗るようになった。

長崎の隠れキリシタンは、洗礼を行っていない。したがって、ヒコは徳川幕府の鎖国禁教後、日本人として最初のカトリックの洗礼を受けた人となったわけである。

わたしは、ヒコがカトリックの洗礼を受けたことを証明する「何か」を手に入れる方法はないだろうかと思った。日本キリスト教団の在日宣教師フランク＝ケーリ Frank Cary さんを尼崎の宅にたびたび訪ねていた昭和三十一年の初夏のある日、このことをケーリさんに相談した。ケーリさんは同志社大学教授オーティス＝ケーリさんの父である。

ヒコ受洗証明書

ケーリさんは、戦時中、フィリピンのダバオ収容所時代に、いっしょに日本軍に収容されていたカトリックの神父フランクリン＝エウィング Franklin Ewing さんに助力を求めてあげようと、すぐ書簡を出してくれた。そのころエウィングさんは、ニューヨークのフォードハム大学教授をしていた。そしてこのエウィングさんの厚意で、わたしはヒコの受洗証明書を昭和三十一年八月に入手した。

ヒコの「洗礼証明書」は、ヒコが受洗して

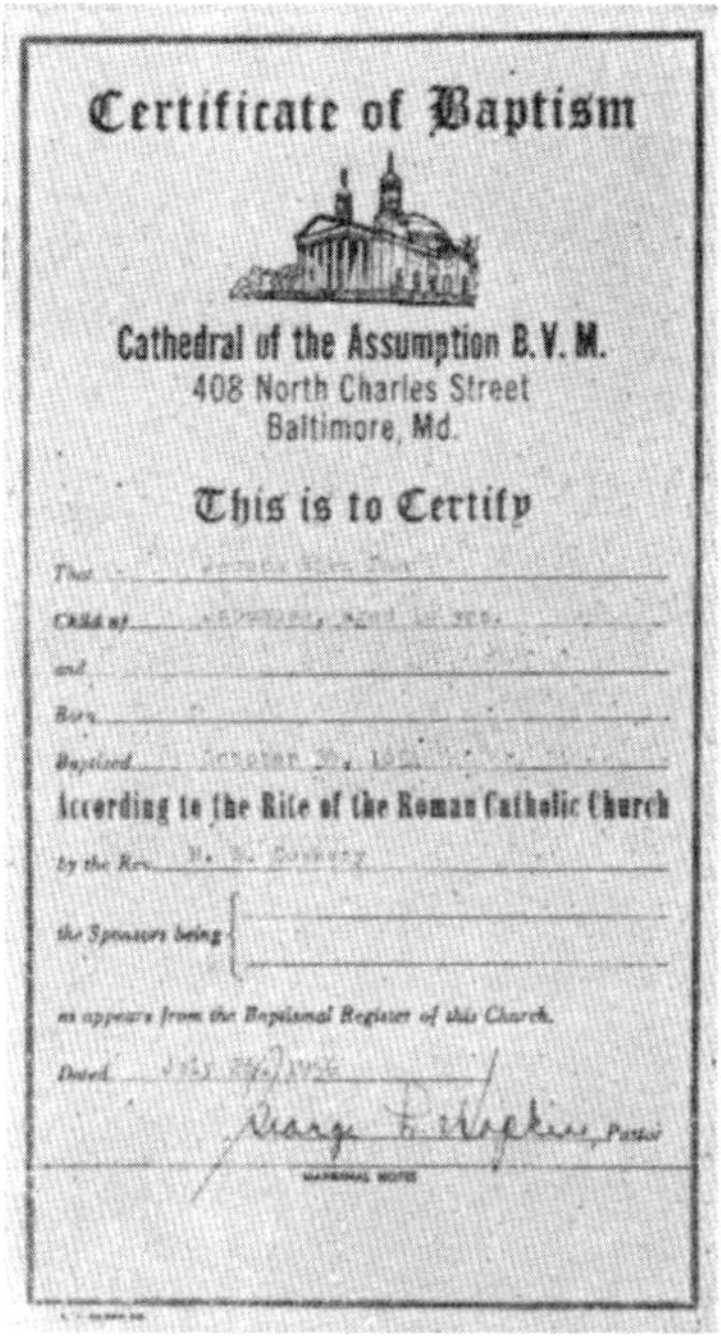

Certificate of Baptism

Cathedral of the Assumption B.V.M.
408 North Charles Street
Baltimore, Md.

This is to Certify

That

Child of

and

Born

Baptized

According to the Rite of the Roman Catholic Church

by the Rev.

the Sponsors being

as appears from the Baptismal Register of this Church.

Dated

Pastor

MARGINAL NOTES

ヒコの洗礼証明書

ヒコが洗礼を受けたボルチモアの教会

から百二年を経て、太平洋を渡って、日本に初めてとどいた。「洗礼証明書」Certificate of Baptism と題され、縦二十五センチ・横十五センチの用紙には、教会の絵図も刷りこまれている。ただ一ヵ所 Child of と印刷された欄が消されている。「何々の子」と親の名を記入するところを消し、そこへ「日本人、十八歳」とタイプで書込まれている。エウィングさんの書簡には、教会のホプキンスさんの談として、この「洗礼証明書」は、ヒコに与えられた「洗礼証明書」にもっとも近いものであると書かれていた。

エウィングさんは、現在の教会の絵葉書も送ってくれた。絵葉書の説明によれば、アメリカでももっとも古い教会で、ワシントンの国会議事堂を設計したバーナード＝ラトローブ Bernard Latrobe が、アメリカ最初の司教ジョン＝キャロル John Carroll のとき、一八〇六年に建て、百五十年を経た今日でも、ほとんどそのままの姿で伝わっているという。

ヒコが洗礼を受けたこのボルチモアの教会 Cathedral of the Assumption B.V.M.は、聖母被昇天大聖堂とわれわれが呼んでいる教会である。B・V・Mは、ラテン語の Beata Virgo Maria で英語の Blessed Virgin Mary となるから、直訳すると「聖少女マリア」ということになる。

受洗の日

『ヒコ自伝』では、洗礼を受けたのを一八五四年十一月一日に記している。が、この「洗礼証明書」には、十月三十日と書かれている。サンダース家で、ヒコ受洗の喜びの宴をしてくれたのが、十一月一日であったため、後年、受洗した日と受洗のお祝をした日が、こんがらかって、こういうことになったのであろうか。自伝には、受洗の神父の名は忘れたと書かれている。が、この証明書で H. B. Coskery 神父であったことがわかった。

ジョセフ＝ヒコ＝ドン

「洗礼証明書」に書かれたヒコの名が、「ジョセフ＝ヒコ＝ドン」Joseph Hico Don とあるのは目新らしい。そして、ヒコのつづりがＨＩＣＯとなっていることも、新発見であった。今日、残っている、あらゆる文献・資料に、ヒコはＨＩでなく、ＨＥＣＯ と署名している。

ＨＩＣＯと ＨＥＣＯ

ヒコもはじめはＨＩＣＯと書いていたのであろう。ところが、ＨＩとつづると、hi-fi がハイ＝ファイであり、タバコの hi-lite がハイライトと読まれるように、ＨＩＣＯは英語読みでは「ハイコ」となる。「ミスター・ハイコ」と呼ばれ、目をパチクリさせたであろうヒコの顔が、目に見えるようである。そこで、「彦」に一番近く発音されるＨＥＣＯに、つづりを改めたのではなかったろうか。

イブニング＝スター紙の記事

わたしはアメリカ議会図書館東洋部長オサム＝シミズさんの厚意で、一八五七年十一月三日付けワシントンの『イブニング＝スター』Evening Star 紙の復写を入手した。ヒコ受洗ののちに発行された同紙は、「興味ある人物」An Interesting Person の見出しで、ヒコのことを百八十行にわたって紹介している。そしてヒコの名はすべてＨＥＣＯとつづっている。だからＨＩＣＯというつづりは、そんなに長く用いなかったのであろう。

毎日新聞大阪本社で新聞学研究会が開かれた昭和三十六年七月三十日、わたしはヒコについて話し、このHECOのつづりのことにも言及した。毎日新聞社の加藤三之雄氏は、わたしの話に「それは賛成だ。そういうことはあるよ。早川雪州の若かりしころ、アメリカで同じようなことがあったよ」と語った。早川さんは、わたしの照会にたいし、「雪州はSeshyuなのが、アメリカ風にSESSUEにされてしまいました。もちろん、発音上Issue（イッシュウ）という字に似せてSSUEとダブらせてスペルしたのだと思います。こんな間違いはたくさんあることと、そのままにしておいたのです」との返事を寄せた。発音のためつづりをかえた例は、ヒコだけではない。

「ヒコ＝ドン」の「ドン」は、「当時スペイン系の人の多くいたボルチモアの人々がヒコの名につけた敬称であろう」と、ケーリさんは、わたしに語った。

ヒコの聖書

「ドン＝ファン」「ドン＝キ＝ホーテ」「ドン＝ジュアン」のように、「ドン」は男子の名に冠する尊称である。が、この場合の「ドン」は、名の前につく。「ドン＝ヒコ」なら、そうであろう。が、「ヒコ＝ドン」の場合は逆になっている。

漂流した同船の人々が、少年彦太郎を、日本流の愛称で、「彦ドン」と呼んでいたのを、アメリカの人々がフルネームと思い、「姓はドン、名はヒコ」と誤り、その誤りが、次ぎ次ぎとうけつがれ、とうとう「ジョセフ＝ヒコ＝ドン」になったのであろうと、わたしは思う。

ヒコの通学した学校は、ホプキンスさんによれば、「多分、いまも少年達のための学校となっているカルバート＝カレッジのことでしょう。現在も教会の通りを斜に横切ったマルベルク通りにあります」という。

昭和十四年六月に東京世田谷の辰巳屋《たつみや》書店から出した『銀鱗』という古書目録に「アメリカ彦蔵所持聖書、彦蔵渡米の当初洗礼をうけ、その時貰ひたるもの、珍品」として、「菊洋、二十五円」と記されている。二十五円というのは、戦前のそのころは大金であった。ヒコの持っていた聖書というだけで、それだけの値うちを持っていたことがわかる。

四　日本からアメリカへの帰化第一号

ブルックと相知る

カトリックの洗礼を受けたヒコは、故国日本に帰る手づるを、ひきつづき求めた。そして、一八五八年（安政五年）六月、ワシントンで知りあった海軍大尉ジョン＝マーサー＝ブルック John Mercer Brooke の好意で、アメリカのカリフォルニアから香港にいたる航路測量艦の艦長つき書記に任命され、帰国の望みにパッと明るい光が投げかけられた。艦長ブルックの計画では、津軽海峡付近を測量のとき、青森付近からヒコをひそかに上陸させるつもりであったらしい。

米国へ帰化

そのころ、鎖国の夢いまださめぬ日本では、漂流漁民など海外から帰ったものは、一種の准邪教者・要監視者として、監禁していた。それで、帰国しても、アメリカの国籍を持っていたほうが得策だ、とサンダースにすすめられ、ヒコは日本からの帰化第一号として、米国市民権をボルチモアでえた。

　ヒコは、帰国の途、上海で新駐日公使ハリスに会い、帰化証明書を見せたところ、「これは珍しい人物だ」と、早速、神奈川の米国領事館通訳に任命されたと、自伝に書いている。が、ヒコのこの帰化証明書は今日のこっていない。自伝にも帰化登録の日付けが書かれていないため、正確な月日は不明であった。

　そこで、ヒコの帰化についても、わたしはケーリさんに助力を願った。幸い、ケーリさんはアメリカの人である。アメリカ人として、ボルチモアの裁判所に照会して、日本からアメリカへの帰化第一号であるヒコの帰化証明書、または帰化証明書の写か写真、それも無理なら、ヒコの帰化を登録してある書類の写真だけでも入手する方法はないだろうかと、お願いした。

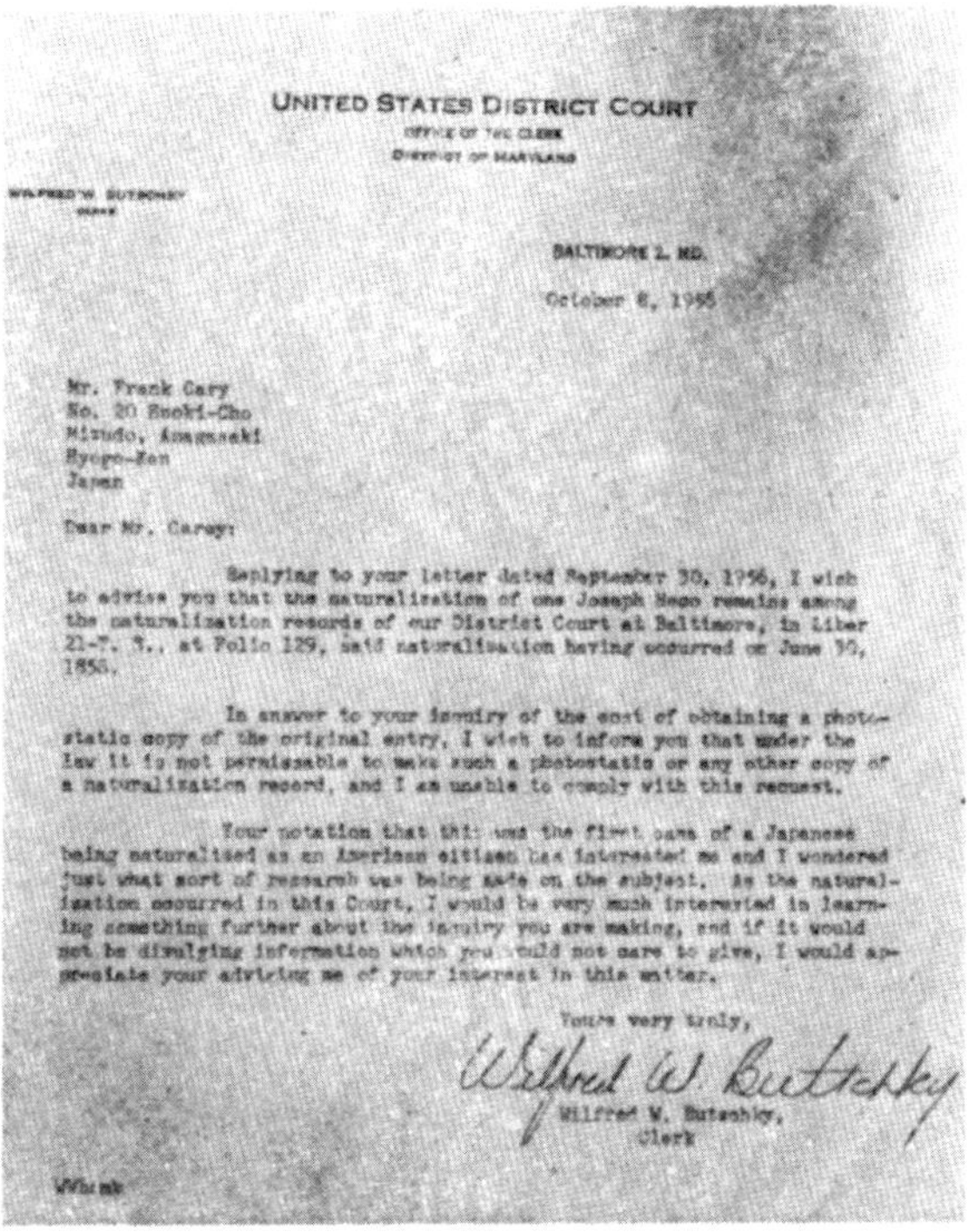

UNITED STATES DISTRICT COURT
OFFICE OF THE CLERK
DISTRICT OF MARYLAND

WILFRED W. BUTSCHKY
CLERK

BALTIMORE 2, MD.

October 8, 1956

Mr. Frank Cary
No. 20 Enoki-Cho
Mizudo, Amagasaki
Hyogo-Ken
Japan

Dear Mr. Carey:

Replying to your letter dated September 30, 1956, I wish to advise you that the naturalization of one Joseph Heco remains among the naturalization records of our District Court at Baltimore, in Liber 21-T. S., at Folio 129, said naturalization having occurred on June 30, 1858.

In answer to your inquiry of the cost of obtaining a photostatic copy of the original entry, I wish to inform you that under the law it is not permissable to make such a photostatic or any other copy of a naturalization record, and I am unable to comply with this request.

Your notation that this was the first case of a Japanese being naturalized as an American citizen has interested me and I wondered just what sort of research was being made on the subject. As the naturalization occurred in this Court, I would be very much interested in learning something further about the inquiry you are making, and if it would not be divulging information which you would not care to give, I would appreciate your advising me of your interest in this matter.

Yours very truly,

Wilfred W. Butschky

Wilfred W. Butschky,
Clerk

WWB:mb

米国ボルチモア地方裁判所から送
られたヒコの帰化についての書簡

ボルチモア地方裁判所の記録

そうして、ボルチモアの地方裁判所の書記バッツキー Wilfred W. Butschky さんから、『ヒコ自伝』を裏づける正確な資料を昭和三十一年十月と十一月、二度にわたって入手した。

バッツキーさんの書簡によれば、帰化証明書も、帰化の記録も、それらの写真も、アメリカの憲法によって許されていないという。しかし、このボルチモア地方裁判所の公用紙を用いた書簡は、「ジョセフ＝ヒコの帰化は一八五八年（安政五年）六月三十日」であり、ヒコの生

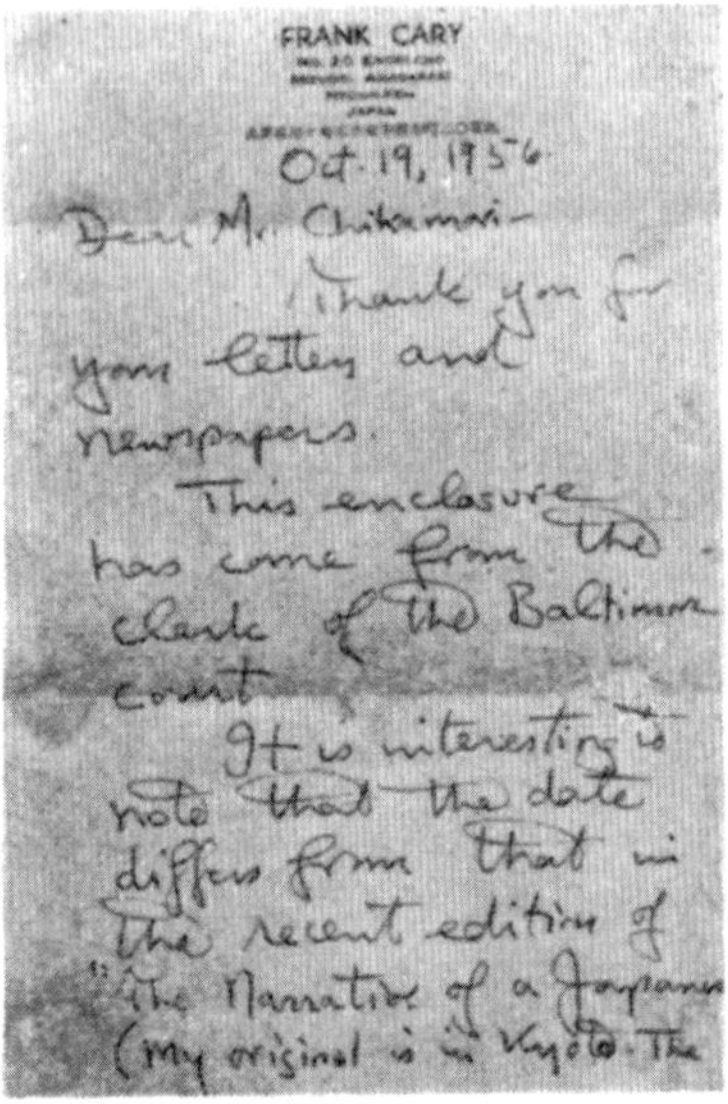
FRANK CARY

Oct. 19, 1956

Dear M. Chikamori—
Thank you for your letter and newspapers.
This enclosure has come from the clerk of the Baltimore court.
It is interesting to note that the date differs from that in the recent edition of "The Narrative of a Japanese" (My original is in Kyoto. The

者にあてた書簡
者が持つようにと書かれている）

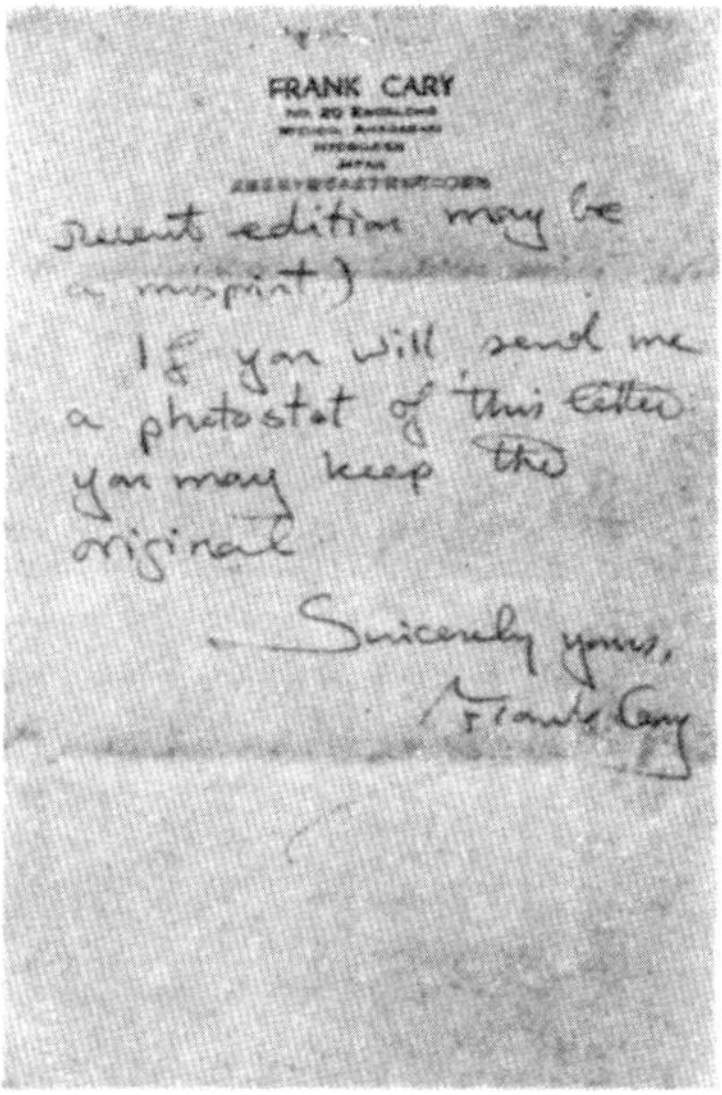
FRANK CARY

recent edition may be a misprint.)

If you will send me a photostat of this letter you may keep the original.

Sincerely yours,
Frank Cary

ケーリさんから著
（ボルチモア裁判所からの原文は著

年月日や住所・保証人などは書かれていない。が、記録は Record in Liber 21 —T.S, at Folio 129 に記載されていることを明らかにしてくれた。また、ヒコの名は、帰化のとき、すでに正式にＨＥＣＯとつづられていることも示してくれた。受洗から帰化までに満三年七ヵ月たっている。

ヒコの帰化についてのこの新しい資料は、ヒコの帰化百年を前にして、アメリカから日本にとどいた最初の文献であった。また、日本からアメリカに照会した最初のものであったと、バッツキーさんの書簡も書いている。

わたしは、この新しい資料を入手した昭和三十一年十二月十二日、東京青山のヒコ墓前祭のとき披露した。『読売新聞（大阪）』の翌十三日付け社会面は、「新聞《ジョセ》の父《フ=ヒコ》の墓前祭」の見出しで、「近盛本社（大阪）調査課長から、日本からの帰化第一号として一八五八年米国市民権をえたヒコのボルチモア地方裁判所の記録など紹介」と報道した。

また、ヒコの帰化百年の年にあたる昭和三十三年の年頭、日本新聞協会の『新聞研究』誌一月号は、わたしの書いた「ヒコの帰化証明など、ジョセフ=ヒコ物語り」を掲載した。これは、ヒコが日本からアメリカに帰化した正確な日付けを公表した最初の文献であった。

帰化についての最初の文献

ところが、それから半年後の昭和三十三年七月一日付け『毎日新聞（東京）』都内版「あれこれ」欄は、「浜田彦蔵氏の百年祭」が六月三十日に青山墓地で行われたと報道、「六月初めメリーランド州の地方裁判所で、一八五八年六月三十日、浜田氏が市民権を得た際の書類が発見され、東京都に知らされたもので、この日のお祭りとなった」といい、都顧問木村毅氏が日米交流に尽した故人をたたえる安井都知事のメッセージを代読したと書いた。

同じ一日付け『ジャパン＝タイムス』にも、村山有氏の「新聞の父の百年祭」という記事が載った。村山氏は昭和三十五年出版の『修好事始』で、木村氏が安井誠一郎知事代理として、「一世紀の昔、アメリカ市民権獲得の端を開きし事、其の識見の高遠は前後の漂流者の中において絶群と云ふべし。即ち吾等関係者の、新たに花を捧げ、香を焚《た》き、君に深大の感謝を捧ぐる所以《ゆえん》は比処にある也」との供養文を捧げたと紹介している。

六月初めにメリーランド州の地方裁判所でヒコの帰化の書類が発見されたというのは、おかしい。メリーランド州の地方裁判所は、ボルチモアに一つあるだけである。あの広いアメリカの州の名をいわずに、裁判所のある地名を挙げるのが常識であろう。この時より二年前に、ボルチモア地方裁判所の公用紙を用いた書簡で、わたしはヒコの帰化した正確な日付けを教えられている。二年後の六月初めに「書類が発見され、東京都に知らされた」は、疑わしい。しかも、その年の一月号『新聞研究』誌に、わたしの署名原稿が掲載されているのである。

さらに、東京都知事が、「アメリカ市民権獲得の端を開きし事、其の識見の高遠は前後の漂流者の中において絶群と云うべし。即ち吾等関係者の、新たに花を捧げ、香を焚き、君に深大の感謝を捧ぐる所以は此処にある也」という供養文を捧げたというのも、どうであろうか。日本人である東京都知事が、アメリカ市民権獲得の端を開いたことに、「深大の感謝を捧ぐる所以は此処にある也」と供養文を捧げることは、筋が通らない。日本人としてなら、他に祝いようもあったのではなかろうか。

木村毅氏は、その後、昭和三十六年三月発行の『世界ノンフィクション全集』十四巻『アメリカ彦蔵回想記』の解説で、「サンフランシスコ在留邦人の長老だった岡繁樹《しげき》老が、二世の弁護士であるミノル＝ヤスイをわずらわして、メリーランド州の地方裁判所に審査をたのんだところ、たしかに一八五八年六月三十日に十八歳で帰化していることが、保存されている文書で確証せられた。岡老人は、ヤスイ弁護士からの報告書のコピーを私に送ってくれたので、ここに凸版としてかかげておく。あとからの研究家が、この点でふたたび疑問を抱く心配を解消するためである」と述べている。

ところが、木村氏が岡老人から送られた報告書のコピーというものには、発信の日付けがない。そして、「あなたはメリーランド地方の合衆国地方裁判所が、一九五六年七月五日付けで、ジョセフ＝ヒコが十八歳で一八五八年六月三十日に帰化したということを認めていることを知って、興味を持たれることでしょう」

という意味が書かれている。

一九五六年に認めたということは、昭和三十一年である。それは、わたしがケーリさんを通じてボルチモアの地方裁判所から知らされた年である。木村氏が代読した安井東京都知事のメッセージによれば、それから二年後の昭和三十三年六月に、「先頃メリーランド州の地方裁判所に於て当時の関係文書見出いだされ」ということになっていた。

しかも、「十八歳で」ということが、突然に出てくる。これは事実と異なる。わたしの保管しているボルチモアの地方裁判所の公用紙に書かれたバッツキーさんの書簡には、ヒコの生年月日は、書かれていないと明記されている。

帰化したときは二十歳

わたしがアメリカの議会図書館から入手した一八五七年十一月三日付けワシントンの『イブニング＝スター』紙によれば、サンダースの書簡として、裁判官ホフマンが、ヒコの帰化について、未成年であるので、成年に達したときがよいと

『ワシントン＝イブニング＝ニュース』紙

語った、ということが書かれており、「一年ほどのうちに二十歳になると思います」とも述べている。事実、その翌五十八年にヒコの帰化が実現している。ヒコの帰化は十八歳のときではなかった。満二十歳と十ヵ月であった。

わたしは日本新聞資料協会の機関誌『新聞資料』第三号に「ヒコの受洗と帰化」を書き、「日本人、十八歳」と書かれていることを紹介した。が、これは受洗の年であって、ヒコの帰化は断じて十八歳ではない。『万延元年遣米使節史料集成』第七巻の「資料の解説」は「木村氏はとくに彦蔵の米国市民権取得に関する資料を掲げている」と紹介している。これでは史実が誤り伝わる。

五　懐しの日本へ九年ぶりに帰る

クーパー号の艦長つき書記

ヒコの切ない望郷の情を知り、カリフォルニアから香港《ホンコン》までの航路測量クーパー号の、艦長つき書記という温い救援の手をさしのべたブルックは、日米修好の咸臨《かんりん》丸に水先案内をしたブルックその人である。

海洋学のパイオニア

九十六トンの小帆船《はんせん》クーパー号は、一八五八年（安政五年）九月、サンフランシスコを出帆した。ブルック艦長のもとで、ヒコは太平洋の海底六千メートルの泥をとり、波の高さ、海水の温度・比重などを測量した。近代海洋学の基礎をつくったといわれる英国のチャレンジャー号の探検開始は一八七四年であるから、ヒコのこの測量は、このときよりも十六年前になる。百年前、深海調査をしたヒコは、日本における海洋学のパイオニアでもあった。

ハワイに十一月に寄港、再び太平洋を調査して翌年二月、ホノルルに帰港した。そのとき、ヒコは日本のことを書いた新聞はないかと、数種の新聞を調べた。そして、日米通商条約が締結され、新しい貿易港が、その七月から開かれるニュースを読んだ。天下晴れて帰国できる日が実現できたことに驚喜した。

が、そのころ、ヒコは健康をそこねていた。一ヵ月あまりの測量中に、二度も台風にあい、百トン足らずのクーパー号は大ゆれにゆれた。荒模様の海と、不馴れな航海にいたみつけられたヒコは、祖国日本が開国した以上、クーパー号で測量しつつ故国に帰るよりも、このハワイで下船し、香港か箱館ゆきの便船で帰国したほうが、早く楽に帰れるのではないか、と思った。

ハワイで下船

そこで、ブルックに率直に話した。ヒコの勤勉な仕事ぶりを喜んでいたブルックは、「出来ることならなんでもしてあげる。また日本で会おう」と、ただちに同意してくれた。

ウェン＝リードと再会

ハワイで下船、休養していたヒコは、たまたま在米中の知人ウェン＝リードEugene M. Van Reed が、シーサーペント号で日本にゆく途中、ハワイに寄港したのと、偶然に再会した。

ヒコは帰国する前、ペンシルバニア州のリージングにウェン＝リードを訪ね、お別れのあいさつをのべた。三日滞在、ウェン＝リードはサンフランシスコまでヒコを見送っている。オランダ系のアメリカ人であるウェン＝リードが日本にゆく決意をしたのも、ヒコという日本人の友人をえたことから、日本に関心を持ち、日本の開国を知って渡日を考え、実行したのであろう。ハワイでの奇遇を喜んだ二人は、同じ船で日本に同行することにした。

ハワイから香港に着いたヒコは、近くの広東《カントン》に遊びにゆき、そこで七年前に別れた栄力丸遭難者の一人である岩吉が、英国領事オルコック Rutherford Alcock の世話になっているのに会った。ちょうどオルコックが日本駐在の総領事に栄転、岩吉も新総領事に従って帰国することになっていた。

二週間ほどすると、岩吉がオルコックとともに日本へ赴任のため香港にきた。岩吉からヒコを紹介されたオルコックは、ヒコがアメリカで教育を受け、英語も日本語もよくわかるのを見て、早速、英国総領事館の通訳になってくれないか、と相談をもちかけた。

英国総領事館通訳を辞退

ヒコは考えた。岩吉がすでに世話になっている。その職を奪うことは心苦しい。また、アメリカには足かけ九年の長い年月、世話をうけた。いま、急に英国総領事館に雇われることは、徳義心にもとることにならないだろうか、と。そこで、「自由な身で日本に帰り、アメリカの公使に会って、まずアメリカの公使が、使うところがないと申されたら、そのときは自由行動をとりますから」と、ていねいに謝絶した。

上海でハリスに会い米国神奈川領事館通訳となる

オルコックの通訳をことわったヒコが、上海《シャンハイ》へきたとき、ちょうど、アメリカの下田総領事から新駐日公使に昇進したハリス Townsend Harris が、香港へ旅行し、再び日本へ公使として赴任のため、上海へやってきた。

このことを知ったヒコは、すぐハリスを訪ねた。そして、ヒコが日本からアメリカに帰化した証明書を見せると、「これは珍しい人物だ」と、早速、新任の神奈川領事ドール Dorr の通訳にヒコを採用した。ウェン＝リードも日本に着いてから、ヒコと同じ米国神奈川領事館の書記生になった。榎本武揚《たけあき》が維新のとき海路脱走を企てたころ、ハワイへゆくことをすすめたエピソードを持つウェン＝リードは、のちハワイ国の駐日総領事を勧めたこともある。また、ヒコの『海外新聞』に関係した岸田吟香《ぎんこう》と『横浜新報もしほ草』を発刊するなど、ウェン＝リードはヒコと縁の深い人物であった。

長崎に入港

ハリスやヒコを載せたミシシッピー号は、一八五九年（安政六年）六月十八日、長崎に入港した。ヒコにとっては九年ぶりの、懐かしい祖国日本の最初の港であった。十三歳で漂流した彦太郎少年は、いまや二十一歳のアメリカ紳士ジョセフ＝ヒコとなっていた。

艦長ニコルソンは、ヒコの身の安全のため、「神奈川につくまで日本語を使うことも、上陸もしてはならない」と命令した。が、果物などを売りにくる和船の人々は、日本語をしゃべっている。「懐かしい、俺も話せるのだ」と、口先きまで日本語がでてくる。手で口を押さえても、ノドの奥で日本語がしゃべっている。そして、とうとう日本語を公然と使うことができる日がやってきた。

九年ぶりの日本語

ある日、日米両国人の間で、酒の売り買いのことから、さわぎがもち上った。そのころ、日本人と外国人は、オランダ語を通じてでないと話ができなかった。ふなれなアメリカ人のオランダ語と、日本人のオランダ語の話しあいでは、一向にらちがあかない。双方とも威《い》丈高《たけだか》になるばかりで、形勢は険悪となった。困りきった当直士官は、とうとう、ヒコに通訳を頼んできた。

アメリカ人だとばかり思っていたヒコの口から、ナマリも、アクセントも、本物の日本語で話しかけられた日本側は、ビックリ仰天した。足かけ九年使わなかった日本語ではあったが、そこは日本人の日本語である。聞けばすぐわかる。外国人の日本語でないと思った役人は、「一体、貴公は日本人ではござらぬのか。もしアメリカ人とすれば、何処にて日本語を学ばれしや」と、ヒコを打ち見まもるのみであった。

ウォルシュの厚意

そのころ長崎の初代米国領事であったジョン＝グリーヤ＝ウォルシュ John Greer Walsh の孫、山口智恵子・愛子さん姉妹を、昭和三十三年十二月、東京駒場の宅に訪ねたとき聞いた話では、ヒコはこの長崎入港のとき上陸し、その上陸については、ウォルシュ領事の厚意があずかって力があったという。生きて再び祖国の土を踏むことができたそのときの喜びを、永く忘れなかったヒコは、ウォルシュの厚意を、感謝にみちた言葉でいつも語っていたと、ヒコ夫人鋹子《ちょうこ》さんが、山口さん姉妹に語ったというのである。

ウォルシュは、のち、横浜や神戸で兄弟などのウォルシュ＝エンド＝ホール商会をひらき、「アメ一」の名で知られる豪商となった。その「初代長崎米国領事就任百年祭」が昭和三十四年十一月二十八日、東京＝聖イグナチオ教会堂で行われたとき、参列者にくばった趣意書にも、「これはいささか余談のようですが、有名な浜田ヒコ氏が日本へ帰られたおり、幕府はその上陸を一再ならず容認せず、祖父ウォルシュの米領事としての特別の口聞きにより、漸くこれが許可せられ、その縁にて、両氏は長く親交を保つことになりました。このことは、ヒコ氏の夫人の故浜田銀子様の直話《じきわ》として、はっきり伺っております」と書かれている。

山口さん姉妹の話を聞いて、わたしが「ヒコ自伝には長崎上陸は書かれていない」と語ったので、「ヒコ自伝には書いてなくても、この話は真実ですよ」という意味が、「これはいささか余談のようですが」という書出しとなったのであろうか。

事実、『ヒコ自伝』には、長崎上陸については一字も書いていない。が、入港の十八日から出港の二十二日までの六日間に、ウォルシュの肚芸《はらげい》で、ヒコが九年ぶりの祖国へ、公式には許されなかったが、秘かに上陸したということは、あったかもわからない。

ケンカの仲介事件から、幕府の役人は、ヒコはどうも漂流漁民らしいと思い、その扱いをしようとし、ウォルシュ領事は、帰化米人であることを秘し、ヒコをどこまでも純米国人として待遇させようと交渉、その辺に問題が一応は生じた――というようなことがあったのであろうか。

下田に寄港

そういえば、長崎から神奈川に着くまでに、ミシシッピー号は下田に寄港、そのとき、ヒコは士官に伴われて上陸したと、自伝にサラリと書いている。そして、養父と義兄が下田によく寄港していたことを思い出し、土地の人にその名を知っているかとたずねた。が、知っている人はいなかった、と述べている。九年ぶりの懐しの祖国で、初めて日本の土を踏んだのが下田であったならば、そのときの喜びの情が、どこかに見られるのが普通である。それなのに、そういうところが下田上陸のどこにも表現されていない。これは、下田上陸の前に、自伝には触れることを避けているけれども、長崎上陸がひそかに行われたことを裏づける、といえないこともない。

神奈川に着く

いずれにしても、ヒコが正式にアメリカ市民として、幕府から扱われるようになったのは、安政六年六月、神奈川に着いて、ハリスが神奈川奉行の酒井隠岐守（忠行）に交渉してからであった。このことは、『ヒコ自伝』に書かれている。

六　花やかな幕末外交界に登場

ハリスに伴われて、開国日本に帰ったヒコは、神奈川の米国領事館通訳として、幕末外交界の第一線に登場した。日米修好条約の実施や、開化日本へ文明欧米のいぶきをとり入れるのに、ヒコは無くてはならない人の一人として活躍した。

英語とオランダ語と日本語

英語に通ずる日本人、日本語のわかる外国人のいなかった幕末では、日本にくる外国人は、オランダ語を知らなければ、話ができなかった。ペリーの『日本遠征記』によれば、一八五三年、浦賀入港のとき、主席通訳－堀達之助は、サクスハナ号に横づけした防備船から、立派な英語で、I can speek Dutch.「私はオランダ語が話せる」と叫んだという。そして、堀の英語は、それだけいうのが精いっぱいで、あとはすべてオランダ語であった。

すべての文書は、英語――オランダ語――日本語と、翻訳にも、通訳にも、二重の手間がとられた。ハリスの通訳には、オランダ語のわかるヒュースケンが選ばれ来日した。

しかも、そのオランダ語が、日本人と外国人とでは、ちがっていたというから、ややこしい。ハリスの『日本滞在記』によれば、日本側通訳のオランダ語は、船長や商人が二百五十年も昔に使用した古いオランダ語であり、その大昔のオランダ語を、日本語の順序そのままにならべないと承知しないオランダ語であったといっている。文法を無視した日本流オランダ語に悩んだのは、英公使オルコックも同じであった。オルコックは『大君《タイクン》の都』で、日本側の通訳が外国使節側の通訳のオランダ語を、「文法的にでたらめだ」と非難したことを例にあげ、「おそれ入った」と述べている。

英語と日本語を直結

この不便な幕末外交界に、英語と日本語を直結し、かゆいところに手のとどくようにしたのは、ヒコであった。東京都政史料館編の『東京の英学』は、ヒコがハリスとの対談で、ベテラン森山栄之助・堀達之助の両通訳も解しかねた用談を、明解に補足して、アメリカ帰りの実力をみせたと述べている。単に日米間の交渉の場だけでなく、井伊大老斬らるの報に、ハリスは真相を知るため、大急ぎでヒコをさがす始末であった。

英国もロシアも

アメリカだけでなく、英国も、ロシアも、ヒコの語学をわずらわした。ロシアのシベリア提督ムラビヨフが江戸にきたとき、品川で軍艦乗組の一人が斬られ、二人が傷を受けた。日本人が外国人を殺した最初の見習士官暗殺事件がこれである。犯人捜査の交渉もなかなかはかどらない。まだるっこさに悲鳴をあげたロシア側は、ヒコに通訳を頼み、交渉はスラスラと進んだ。ヒコの協力に感謝したロシアから、お礼に金時計を贈られたと、『ヒコ自伝』にある。

英国領事ファイスは、モッス銃猟事件の公判のとき、ヒコに立会を頼んだ。日本の役人が、審問のとき、証人を脅迫するような言葉を用いないか、と心配であったからである。ヒコがその役目を十分に果したため、英国側も日本の誠意のある取調べぶりをよく了解し、事件は急速に解決した。

当時の人々は、ヒコをアメリカ彦蔵・ヒコダ唐人・播州彦蔵などと親しみ呼んだ。ヒコが出入りの商人に、水のシャワーもよいが、一度、久しぶりに温い風呂に入りたいと話すと、迎えがきた。行ってみると、奉行所の役人が一人、座敷にひかえている。オヤ、見たことのある顔だナ、と思って聞くと、神奈川奉行から、「ヒコが外出した。護衛に行ってこい」と仰せつかってきたという。洋書を持っていたというだけで、夷狄《いてき》の書を読み、夷狄の説に迷う国賊だと、暗殺されたり、

アメリカ彦蔵

アメリカの土産

大阪町奉行に写真を取上げられる

ヒコ（右）とウェン＝リード

襲撃されたそのころ、ヒコの動静は、神奈川奉行にすぐ知らされていたらしい。

そのころ、ヒコの帰国を聞いて、故郷からはるばる神奈川まで面会にきた義兄に、ヒコはみやげとして、アメリカの新聞と貨幣と、アメリカでウェン＝リードと二人で写したガラス写真をおくった。

この写真は、写真というものを、見たことも、聞いたこともない郷里の人々の間に伝わり、大評判となった。とうとう大阪町奉行の耳にもはいった。あまりのさわがしさに、ついに「写真を持って出頭せよ」と、義兄は奉行から呼出され、その写真は取上げられた。が、半年後、「爾今《じこん》、親類・縁者の外は、きっと他見せしむべからず」という条件つきで、ようやく義兄に返却された。これは、わが国の写真史の巻頭をかざるエピソードとなっている。

七　咸臨丸の遣米使節にも奔走

遣米使節とヒコ

ヒコは幕府の遣米使節派遣にも奔走した。万延元年(一八六〇)使節の新見《しんみ》豊前守(正興)・村垣淡路守(範正)・小栗豊後守(忠順)らがポーハタン号に乗組んだときは、通訳の労をとった。咸臨丸では海軍奉行木村摂津守(喜毅)・船長勝麟太郎(義邦)・事務中浜万次郎らの世話もした。新見・村垣両使節は、帰国したとき、ヒコにアメリカで世話になった人に礼状を出してくれるよう頼み、ヒコはその頼みを果した。

咸臨丸とブルック

咸臨丸には福沢諭吉も乗っていた。この二百九十二トン、百馬力の小型汽船が、日本人の二十代の血気盛んな人々の手で、初めて太平洋を横断できたのは、ブルックらクーパー号の乗組員が、水先案内として乗船していたことが、あずかって力があった。

ブルックの乗船はヒコがあっせん

このブルックの咸臨丸乗船をあっせんしたのは、ヒコであった。帰国のチャンスをさがしているヒコをクーパー号に乗組ませた艦長ブルックは、ヒコがハワイで下船したのち、中国近海の測量をして神奈川に入港、江戸湾から津軽海峡までの沿岸測量を計画していたとき、台風のため浦賀沖でクーパー号が沈没、マストだけようやく水上に出ている有様となった。ブルックはちょうど江戸に行っていて、乗組員も幸い助かった。が、帰国の便がなく、待機中であった。そしてヒコのあっせんで咸臨丸に同乗、滞日半歳で帰国できた。

『ヒコ自伝』に、ブルックが咸臨丸の水先きとなってサンフランシスコまで行きたいと申出たのを、幕府も快く承諾し、その周旋をヒコに頼んだと書かれている。その後、奉行からブルックとともに来てほしいと招かれ、いっしょにゆき、幕府からブルックに咸臨丸の水先きを依嘱するについて、短刀を賜わったことも、『ヒコ自伝』は明らかにしている。

そのころ、ブルックとヒコの友情を物語る一つの事件があった。クーパー号が神奈川に入港したとき、ブルックは領事館にドール領事を訪ね、ドールはその翌日、答礼にゆき、会食を約束した。

ドール領事とヒコとブルック

会食はドール・ブルック・ヒコの三人で行われた。話はいろいろはずみ、ヒコが在米中、ある船で受けた待遇のことにふれ、「あの道知らずの船長は……」と話した。ところが、その船長はドール領事の友人であった。領事は「黙れ、ヒコ。船長はわしの親友だ。二度と再びその船長を〝道知らず〟などと俺の前でいって見ろ、捨ててはおかぬ」と、どなりちらし、会食の空気は、ぶちこわされた。

ブルックは、ドールのあまりな言動にたまりかね、「ヒコが批評したからといって、たたき出すというのも勝手すぎて、聞き苦しい。私はヒコの親友である。それなら、私の前でヒコをたたき出して見よ」といった。すると、ドールは「客は黙っておれ、口出し無用」と、ブルックの言をはねのけてしまった。が、ブルックは「あなたはその客の前で、なぜ、そんなに口汚い言葉を使うのか。しかも、私の親友に無礼な言葉をはくのを聞いてはおれない」と、更に負けてはいない。

ドールは、食卓に運ばれたブタ料理を、ナイフで切りながら、「何人も私のすることに干渉するものは、このブタのように頭を切り取られてしまうだろう」と、あざ笑った。

決闘も辞さぬ

武人ブルックは、領事のこの一言に肚を決め、冷やかに、「ドールさん、私はあなたとの決闘に応じますよ。武器はおまかせします。さあ、庭に出ましょう」と、いった。

あまりのさわがしさに、書記生のウェン＝リードも飛びだしてきて、熱心になだめたので、事はようやくおさまった。このときの、ヒコにたいするブルックの「決闘も辞さぬ」友情は、『ヒコ自伝』に生き生きと物語られている。

ブルックの『横浜日記』

この決闘事件は別としても、ブルックの『横浜日記』を読めば、ブルックがヒコをいかに信頼していたかがわかる。「ヒコがちょうどそこにいて、親切に世話してくれた」「ヒコの写真を持って出かけた」などと、ヒコについての記述がよく出てくる。咸臨丸に乗組む人のことを書いて、彼がアメリカで英語を勉強すれば、「ヒコと同じくらい役に立つと思う」という文字も書かれている。ブルックがヒコを高く評価していたことがわかる。

このブルックの『横浜日記』は、一八五九年（安政六年）十一月十八日のところで、「ヒコは一両日中にドール氏のもとを去るだろう。すでにそのように申出ている」と書いている。ヒコが一身上のことを、ブルックにいろいろ相談していたことが想像される。ブルックもまた、ヒコの良き相談相手として、ヒコの身のふり方に助言を与えていたのであろう。ヒコが領事館通訳をやめる決意を固めたのは、あるいはドール領事とのケンカも原因の一つであったかもわからない。

領事館を去る

実際にヒコが領事館を去ったのは、日米修好使節やブルックらのアメリカ出発を見送った翌万延元年(一八六〇)二月の下旬であった。日本人の知己もボツボツでき、アメリカの事情に明るいのを幸いに、日米貿易の雑貨の商館をひらいた。が、通訳はやめたといっても、時にお手伝いを頼まれ、応援することもあった。そして商売は順調に繁昌した。

攘夷浪人からねらわれる

ところが、井伊大老事件・ヒュースケン殺害・水戸浪士英公使館襲撃など、攘夷浪人のばっこはなはだしく、ヒコも外人として浪人からねらわれ、身辺が危くなった。

事実、渋沢栄一が後年、ヒコを訪ねたとき、「君、僕はうしろから君をねらって、君を殺すところだったよ。しかし、殺さないでよかったよ」と笑って話したと、ヒコ夫人銀子さんのメイ馬場キミさんは、若いころヒコの家にいた当時の思い出話として、攘夷党時代の渋沢の懐古談をわたしに語った。ヒコをねらったのは、渋沢だけではなかったろう。

三度目のアメリカ行

そこで、ヒコは三度目の渡米を計画、翌文久元年（一八六一）の秋出発、十二月にニューヨークに着いた。ちょうど、南北戦争の最中であった。

南軍の将官と間違われる

このとき、ヒコは南軍の将官と間違われ、北軍に捕えられた。自伝によれば、アレキサンドリアで知人を訪ねたとき、案内もなく一人の将校がやってきて、北軍の軍法会議に連行された。そして、ワシントン政府から逮捕せよという電報がきていると、冷然と告げ、取調べられた。が、友人が保証金二万五千ドルを積んでくれ、ようやく釈放された。

隊長のいうには、「このごろ南軍の将官が、ひそかにワシントン付近を徘徊しているというので、調査していた。そこへヒコの挙動を数日間偵察していた人が、ヒコを南軍の将官だといってきたので逮捕した。しかし、日本人とわかった以上、人違いであるから、もはや疑いはない」と、誤認をあやまったというのである。

身長一メートル六－七十センチ。五十二－三キロの堂々たる風彩のヒコであった。が、ただ単に、南軍の将官と間違われたというのも、ちょっとおかしい。もし、ヒコが捕えられるような疑いを持たす何らかのことがあったとすれば、このとき、ヒコはブルックを訪ねようと、いろいろ画策した——というようなことがあったのではなかったろうか。

咸臨丸でアメリカへ帰ったブルックは、まもなくはじまった南北戦争の南軍に投じた。ブルックのつくった大砲は、ブルック＝ガンと呼ばれ、南軍砲兵隊の主力となっていた。また、当時の軍艦は、みな木造であった。が、ブルックは鉄道のレールをとかして鉄板をはりめぐらした世界最初の甲鉄艦メリマック号を建造、北軍の脅威となっていた。のち、ブルックは南軍の砲術と測量部の長官として活躍した。

このブルックのことを、アメリカに着いたヒコは、聞き知っていたであろう。ヒコがニューヨークに入港したとき、数多くの新聞が船に持込まれ、人々は南北戦争のニュースを、あらそって読んだと、『ヒコ自伝』は書いている。ヒコもまた、このとき戦争ニュースをむさぼり読んだ人の一人であったろう。そうして、南軍のブルックに思いをはせたであろう。

ヒコがブルックに会いたいと思ったとしても、不思議ではない。そして、秘かにブルックを南軍の陣営に訪ねたい、もしくは、連絡をとりたいと思って、何らかのことをした。それを、どこかで、北軍のだれかに見られ、南軍のスパイと間違われた――というようなことがあったのではなかったろうか。

パーキンズさんの話

戦前、京都－三高の講師だったパーキンズ P. D. Perkins さんを、京都の鹿ヶ谷の宅によく訪ねた昭和三十年ころ、わたしはこの考えを話した。パーキンズさんは、小泉八《や》雲《くも》の文献集収家として市河三喜《さんき》博士を驚かせた人である。「パーキンズ＝オリエンタル＝ブックス」の名で、日米間の書籍を仲介、昭和十一年ころ、ヒコ未亡人から、ヒコ自筆の出納帳・原稿・切抜帳などを買った。横浜史料調査委員会が、これを『ジョセフ＝ヒコの略歴及びその国政改革草案』と題して昭和十五年三月に出版した。そういう関係もあって、パーキンズさんは、「わたしヒコのこと好きです」と、興味をもって話すのが、つねであった。

　わたしの話を、じっと聞いていたパーキンズさんは、あるいはそういうことがあったかもわからないなあ、という顔つきで、「ブルックとヒコは、主従の関係といってよいでしょう。ヒコがアメリカに行って、ブルックを訪ねたいとか、連絡をとりたいと思って、また、ブルックのために何かしたいと考えたとしても、わたしその気持ちわかります。ヒコは、わたしの買った文献のなかに、南軍のスパイだと思われて、北軍に捕えられたと書いていました。スパイだと思われた理由を説明していたか、どうか、それがどこに書かれていたか、忘れました。けれど、たしかに南軍のスパイだと思われたということは、書いていました」と語った。パーキンズさんの持っていたそれらの文献は、アメリカのシラキュースSyracus大学が昭和三十六年六月ころ、パーキンズさんから買い、所蔵している。

日本の知人

ブルックは、南北戦争が終ったのち、「日本には知人もいるから」と、一時は日本に行くことを考えたという。知人の中には、咸臨丸に乗組み、ブルックとともにアメリカへ使した日本人もいたであろう。また、ブルックが日本にいたとき知った日本人なり、アメリカ人もいたであろう。が、ブルックのこの場合の「日本人には知人もいるから」という言葉は、ヒコのことではなかったろうか。

しかしながら、そのころブルックの最初の妻が、生れたばかりの娘をのこして死んだので、日本へ行くことは思いとどまった。そしてバージニア＝ミニタリ＝

インスチチュートという陸軍大学の物理学・天文学の教授になり、一九〇六年(明治三十九年)十二月十四日、八十歳の生涯を終えた。孫のジョージは、父が駐日米大使館付き陸軍武官のとき東京に生まれ、いま同じ学校で歴史科の教授になっている。その博士論文は、祖父ブルックの生涯と業績を研究したものであった。そして、昭和三十八年、フルブライト訪問教授として来日、慶応の清岡暎一教授から、昭和三十八年三月八日付けでわたしにあてた書簡には、「孫ブルックからヒコの書いたブルックあての手紙を一つ読ませてもらいました。実によく保存されています」とあった。

八　リンカーンと握手、民主主義を伝える

再び米国領事館通訳に

南軍の将官スパイだと思われ、北軍の軍法会議に連行されたヒコは、ワシントンに帰って、このことを旧知の国務長官シュワードに話した。シュワードは、「時

節柄、そんなこともあろう。しかし、将官と誤認せられたというのは、ヒコ君、君の果報ではないか」と、じょうだんをいいながら、大笑いしたという。そして、ヒコを再び神奈川の米国領事館通訳に任用した。

リンカーン大統領と握手

シュワードは、ヒコに「大統領に会ったか」と尋ね、「日本へのみやげ話になるから、会ってゆき給え。われらの偉大なる人物リンカーン大統領に会わずに日本へ帰るということはないよ。是非、会ってゆき給え」と、遠慮するヒコをホワイト＝ハウスへ案内した。

日本紳士のヒコ君

リンカーンは、安楽椅子によりかかって、くびすを重ねた足を前の台に乗せ、そばで書類をくりながら説明する軍人の話を聞いていた。やがて、リンカーンはツカツカと、ヒコのほうへ歩を運び、シュワードが、「わたしの若き友―日本紳士のヒコ君をご紹介します」というと、リンカーンは、「これは、これは、はるばる日本から来られたヒコ君にお目にかかれるのは喜ばしい」といいながら、あの大きな手を差出して握手、ニッポンについて、いろいろ、さまざまのことを尋ねた。こうして、ヒコはわれわれには歴史上の人物であるリンカーンと握手したただ一人の日本人という記録を持った。

ヒコは、リンカーンに夜明け前の日本の状態を説明した。『ヒコ自伝』によれば、「リンカーン大統領は丈《たけ》高く、やせ形だが、手は大きく、髪黒く、ほほヒゲをのばし、黒のフロックを着て、威あって猛《たけ》からずとでもいうべきであろうか。もっとも誠実な人といわれ、一度会ったものは永く仰慕《ぎょうぼ》し、人々から尊敬されている」と書いている。

リンカーン暗殺事件を『海外新聞』で報道

のち、リンカーンがワシントンで芝居見物中に暗殺され、シュワードも襲撃されたとき、日本に帰っていたヒコは、直ちにシュワードに見舞状を出し、リンカーンの遺族に弔詞をおくった。そのころヒコの発行していた『海外新聞』には、リンカーン暗殺の詳報を載せ、「町中の者皆々驚きなげかざる者なし。依て諸商売残らず止みたり」と、ワシントンの町の表情も伝えている。

木戸孝允と伊藤博文に民主主義を伝える

民主政治を「人民による、人民のための、人民の政治」という有名なこの言葉であらわしたリンカーン直伝《じきでん》の民主主義を、ヒコは維新の志士木戸孝允《たかよし》・伊藤博文に伝えた。慶応三年、長崎時代のヒコを訪ねた木戸と伊藤は、身の安全をはかるため、薩藩の士と名乗って、米英の歴史・制度・政治などをヒコに質問した。そして、ヒコからリンカーン直伝のアメリカの民主政治の機構を聞き、「合衆国の政治ちゅあ、そげなもんですか。珍らしもんですな。こげな制度は、夢いも見たことごわはん」と、薩摩弁で、驚異の目をみはった。

米国共和政治の由来

ヒコは、このとき、おそらく文久三年刊の『漂流記』にも書いた「米国共和政治の由来」を、さらに詳しく説明したであろう。『漂流記』は、福沢諭吉が慶応二年に出した『西洋事情』より三年前に刊行されている。ワシントンが国王になってほしいといわれたのを断った話や、大統領の任期が四年であることなど、維新当時、王政復古を唱えた志士には、ほんとうに夢にも見たことのない話であったにちがいない。

伊藤を世話

そのころ、薩長は大政奉還を唱えていた。木戸は京都と江戸のなりゆきを重視し、薩長と佐幕の間に争いが起るにちがいないから、伊藤を外国の軍艦に乗せ、京阪の情勢を偵察させたいと思った。たまたま長崎に入港してきたのがロドニー号であった。渡りに船と、ヒコを通じて、伊藤の乗艦を運動した。「長州公が英国に注文した数隻の軍艦が近く回航される。が、航海術を知っているものがいない。乗艦して実際を学びたい」という口実で、ヒコが口添えし、伊藤の乗艦は許された。

小《こ》躍《おど》りして喜んだ伊藤は、ヒコにお礼として自分の写真をおくった。伊藤が自分の荷物をヒコにあずけたときの手記が、『伊藤博文伝』に、写真版で、こう載っている。Dear Heco, Please you keep things at your office. I will take them when I go on board this evening and oblige.　Yours truly.

Ito Shunsuke.

俊輔から博文公へ

　こうして、伊藤はヒコの手引きで俊輔から博文公への巨歩を大きく踏出した。将軍慶喜《よしのぶ》は鳥羽伏見の戦ののち、大阪をすて、江戸へ逃帰り、兵庫地方は無政府状態となった。このとき、ヒコの厚意で京阪における情勢を偵察ずみの俊輔は、すぐかけつけ、長州縁故の壮士を集め、カラッポの兵庫奉行所を占領、京都へ援兵を請うた。新政府の人々は、俊輔デカシタと、その措置を賞し、たちまち従五位下兵庫頭《かみ》伊藤俊介の出現となった。

左から伊藤博文，木戸孝允，一人おいてヒコ

ヒコと伊藤の再会

俊輔から俊介へと、出世街道の第一歩に恩を受けた伊藤は、明治の政界の第一人者となった。ヒコが神経痛を病み、神戸から東京に治療のため上京した明治二十年、偶然、ステーションで両人は再会した。伊藤はすでに日本最初の内閣総理大臣も勤め、元勲となっていた。が、伊藤はよくヒコを覚えていて、昔を忘れず、ヒコをねぎらったことが、『ヒコ自伝』に述べられている。

木戸と新聞

明治新政府の参議のなかで、一番、新聞の必要を知っていたのは、ヒコに開眼された木戸であった。版籍奉還も行われ、全国的な集権政府としての条件を確保した新政府は、すべての新聞紙を政府側の宣伝機関・発表機関として、国家の治安に役立てようと、新聞紙条例を明治四年に発布、取締りというよりも、理想を説いて、指導方針を明らかにした。

木戸の考えが主となり、「新聞紙は人の知識を啓開するをもって目的とすべし」を冒頭に、「人の知識を啓開するは頑固・偏隘《へんあい》の心を破り、文明開化の域に導かんとするなり。故に内外を問わず、所存の事実を記し、博を約にし、遠を近にし、以て観者の聞見を広め、国家の為治《いち》の万一に稗益《ひえき》あらんを要す」と、指導原理を明示した。

　ヒコは木戸に会う前、すでにわが国最初の新聞『海外新聞』を発行し、アメリカの新聞のことをよく知っていた。アメリカの政治を語り、社会を論じ、アメリカの新聞にふれなかったとは思えない。木戸に、新聞への関心を持たせた最初の人は、ヒコであったろう。

木戸の『新聞雑誌』

　そのためか、木戸は、明治新政府の要人で、最初に新聞に手をつけた人であった。明治四年、藩人－山県篤蔵に金千両を与え、『新聞雑誌』を創刊させた。この『新聞雑誌』について、木戸が滞欧中の品川弥二郎におくった書簡は、また木戸の新聞にたいする考えを、よく示している。「この新聞局にても、政府より開かせ候ては、また政府の勝手とか何とか邪推のみいたし、却つて見るものも少く相成り申すべきにつき、丸に政府に関せずの都合にして相開かせたく、政府のこととといへども、不条理にて、論ずべきことは少々論をなすくらゐの方よろしきかと相考へ申候」といっている。

人民ありての政府

木戸はこの書簡で、「皇国開化の進歩もなかなかその運び六か敷く、十に二－三も思ふごとくにはまゐり申さず。世間の人民は差しおき、官省中にても七－八歩は機嫌をとり誘導仕らずては諸事合点に入り申さず。皆、政府あつての人民の心得にて、人民ありての政府たるを悟らず、欺息至極に御座候」とも喝破している。「人民ありての政府」という民主主義を樹立しようとした木戸であったことがわかる。ヒコからリンカーン直伝のアメリカの民主政治を聞き、「夢いも見たことごわはん」とビックリした木戸の、その後の、民主政治にたいする考え方を知ることができる。

長崎の長州特別代理人

木戸が第二回目にヒコを訪ねたとき、ヒコは「薩摩人ではないでしょう」と質《ただ》し、長州人であることを白状した木戸は、身分を明らかにして、卒直にヒコと語った。そして、日本の真の君主は天皇であって、徳川幕府は、先祖が大権をほしいままにしたものである。だから、将軍に征夷大将軍を奉還させ、皇政を復古しようとしているのである。日本の歴史を知らない外国人に、よく説明してやってほしい。天皇の勢力を助けるようお願いしたい、と頼んだ。そういうことがあって、木戸はヒコを長崎の長州特別代理人とし、ヒコは二年間、無報酬で長州代理人をつとめた。

明治大学図書館所蔵の「ヒコあて書簡」に、「ヒコ様　カツラ」というのがある。桂小五郎時代の木戸から、「極内密御直披《ちょくひ》」として、将軍慶喜《よしのぶ》の大政奉還を、ヒコにいち早く速報したもので、「時に段々上方の様子承り候得ば、大君《たいくん》も其職を替られ、もはや大君にては無レ之とのよし。此往《このさき》はさだめて京都より御沙汰出《いで》可レ申、京都へは是まで江戸より外国の情実御聞せ不レ申候に付、当分は江戸より御迂遠之事も可レ有レ之と奉レ存候得共、京都より追々御開けに相成候はば行往《ゆきゆ》きは、日本と外国とも真実の和親も相ととのひ、日本人心の折合もよろしく相成可レ申と相楽み申候。何卒乍二此上一、陰となり日なたとなり、日本の御為めに御尽力奉レ祈候」と述べている。

「大君」は、いうまでもなく将軍慶喜のことである。木戸は、「時下、別して御用心第一と奉レ存候」と結んでいる。維新のそのころ、ヒコを思う木戸の情、胸を打つものがある。

『一外交官の見た明治維新』

アーネスト＝サトウ Ernest Mason Satow の『一外交官の見た明治維新』によれば、長崎を訪れたサトウは、木戸・伊藤に会ったのち、「帰途、私が彦蔵（有名なジョセフ＝ヒコ）をたずねると、彼は一つの文書について私に話した。その文書は、薩摩・土佐・芸州・備前・阿波の諸侯の連名で、将軍慶喜に辞職を勧告し、また政府を改造する道を開くことを要求して、将軍に提出されたというのだ」と書いている。ヒコが大政奉還について、日本の歴史を知らない外国人のため、木戸から頼まれたとおり、「陰となり、日なたとなり、日本のため」尽していたことがわかる。サトウが木戸・伊藤からでなく、ヒコから慶喜の大政奉還を聞いたというのは、おもしろい。

『ヤング＝ジャパン』

ブラック John Reddie Black の『ヤング＝ジャパン』第一巻は、三百二十二ページから七ページ半にわたって、源頼朝のことを詳しく述べている。その前に、「日本人でアメリカに帰化したジョセフ＝ヒコから、次のようなことを聞いた」と書いている。おそらく、ブラックがヒコから、大君である将軍は、源頼朝の征夷大将軍にはじまることを教えられ、頼朝に興味を持ったからであろう。このことは、ヒコが木戸のいうように、「日本の歴史を知らない外国人」に日本の歴史を教えていたことを示している。

ヒコは、ただ単に木戸から頼まれたから、日本の歴史を外国人に教えたのではないであろう。そのころの外国人が、日本の歴史のことを聞く上で、ヒコはちょうど便利な存在であったから、自然とそうなったのであろう。

マードックの『日本史』

マードック James Murdock の『日本史』も、『ヒコ自伝』の『ナレティブ＝オブ＝ア＝ジャパニーズ』を、「権威ある参考書」の中に入れている。『ナレティブ』は、マードックがヒコの原稿に手を入れ、序文も書いている。マードックは漱石の一高時代の恩師であり、『漱石全集』には「マードック先生の日本歴史」「博士問題とマードック先生と余」が収められている。『日本史』三巻の著者マードックとヒコが、日本の歴史について、何度か話し合い、そういうことから、ヒコの原稿にマードックが目を通すようになったのではなかったろうか。

民主主義の先覚者

これらのことは、木戸のヒコを見る目のたしかであったことを証するものといえよう。もちろん、木戸は維新の志士のなかでも、すぐれた人物の一人であった。が、木戸に、ヒコが及ぼした影響も、無視できない。木戸をして、「人民ありての政府」という考えを持つにいたらしめた遠因の、大きなものの一つは、たしかに、ヒコが木戸に教えたアメリカの民主政治のあり方であったであろう。「夢にも見たことのなかった」アメリカの民主政治・民主主義を、木戸をはじめ、当時の多くの人々に教えたヒコは、たしかに、わが国の民主主義の先覚者であった。

九　長崎時代のヒコ

下関砲撃に参加

生麦《なまむぎ》事件でゴッタ返している文久二年(一八六二)十月、再び米国神奈川領事館通訳として日本に帰ったヒコは、翌文久三年七月、長州の外国船砲撃事件には、職掌柄、米艦ワイオミング号に乗って、下関砲撃に参加、物凄い実戦を目のあたりに体験した。

その九月、領事館を去り、再び横浜で貿易商社をひらき、雑貨を扱った。

『海外新聞』を発刊

翌元治元年(一八六四)六月、わが国最初の新聞『海外新聞』を発刊、約二年間つづけた。が、ドル相場の暴落、攘夷党のばっこで、商売も思うようにいかなかったとき、帰国する友人にそのあとを頼まれ、長崎の南海開港会社の事務をとることになった。慶応二年(一八六六)十二月、長崎に移り、『海外新聞』は廃刊した。

グラバーとヒコ

長崎に移ったヒコは、お蝶夫人で知られる英の豪商グラバー Thomas Blake Glover の借地に居住した。長崎図書館所蔵「慶応三年正月中、外国人名帳、外務掛」に、「拾六番英ゴロウル借地、亜、ジョーゼフヒコ」とある。ゴロウルは、グラバーのオランダ語読みで、ヒコ居宅は、東山手の十六番館であった。

そのころの長崎は、諸大名が汽船・大砲・弾丸など西洋の新兵器を得るための唯一の取引場所であった。また、西洋の知識を得たいと、各藩から留学生が集まり、商人・藩人・浪人らが、しきりに出入りしていた。ヒコの海外知識と語学は、この長崎でも、新生の活動をつづける開化日本の、いろいろな方面に活用された。

高島炭坑の共同経営

ヒコは、グラバーと鍋島家の間を世話し、高島炭坑の共同経営を成立させた。

熊本城とヒコ

これは、日本人と外人が共同経営した最初であった。そのころ周蔵といっていた本野盛亨《もりゆき》は、のち『読売新聞』の持主となった。この本野は、ヒコを訪ね、肥前侯が大名として各国の形勢を知りたいと願っているから、会って話してほしいと要請した。五《ご》代《だい》友厚《ともあつ》も、ヒコのもとに足繁く出入りした。大阪に行けば、大名の病気に洋医のあっせんを頼まれ、横浜に現われれば県権令大江卓が意見を聞きに来訪した。細川侯がヒコを連れて長崎から熊本入りしたのは、風俗・習慣・文化の進度を、ヒコの口から藩士に話してもらい、藩士の守旧心をいくらかでも消散させたいと思ったからであると、ヒコに語ったという。

ヒコは外国人として熊本を訪ねた最初の人であった。家老はヒコに、「いまこの熊本城をつぶしてしまおうかと思っている。というのは、家中に城を政府に渡すことを好まぬものが多く、城がある間は、政府は熊本を不平党の根拠と見なす恐れがあるから」といった。ヒコは、「こういう名城をつぶしてしまうなんて、それは野蛮きわまる。文明開化では東洋一の日本政府が、単に城が一つあるからといって、徒党の巣と見なす理由はない」と、理論的に城の存置を説いたと自伝に書き、「そのためであろうか、明治十年、薩摩兵に囲まれるまでは、熊本城は安全であった」と述べている。

肥後侯のため『米国海軍法』を翻訳して大判一枚をお礼に贈られたヒコは、また、グラバーからも大判を贈られている。この大判は、グラバーが肥前侯から受領したもので、「ヒコ氏の懇篤な人柄と、営業上の種々な相談にたいし、感謝を表わすため贈る」と、グラバーが手記している。

大阪造幣局とヒコ

ヒコはグラバーの意を受け、香港の造幣局を買収して、大阪造幣局をつくる世話もした。ヒコの誠実な仲介の労で、大阪造幣局は、非常に安くつくることができた。

一〇　ヒコと生れ故郷

故郷に帰る

　明治になって、ヒコは生れ故郷を三度び訪ねた。第一回は明治元年八月で、兵庫県令《れい》伊藤博文と淀川に舟を浮かべたとき、ヒコが「今、危険なく生れ故郷へ行くことができるだろうか」と尋ねた。そのころ、外国人は居留地以外へは自由に行けず、攘夷の徒の危険もあった。が、伊藤は「よろしい。県が買入れたばかりの汽船オルファン号で、あなたの故郷訪問に花を添えましょう」といい、話はトントンと進み、漂流してから十九年ぶり、ハリスに伴われて帰国してからでも十年たって、ヒコの故郷訪問が実現した。

　喜んだヒコは、その五日、大阪府判事五代友厚夫妻・伊藤兵庫県令と天保山から神戸に向った。が、半時間ほど進むと、機関が故障、やむなく陸路、播州へ向った。

子供心に、美しい家並《なみ》のならんだ繁華な町と、記憶のまぶたに描いていた故郷も、実際に、十九年ぶりに帰ってみると、アメリカの都市になじんだいまでは、平凡な田舎の農村に過ぎなかった。事実、ヒコのいたころ六十二戸あった浜田は、三十戸に減り、知っていた人は死んだり、村を去って数少く、若い人には知らないものが多かった。期待に反した故郷に、予定をくりあげ、一夜をおくっただけで、翌早朝、神戸へと帰路についた。

第二回は翌々明治三年十月、父母の墓碑をたてるためであった。墓は明石の石《いし》寅《とら》にたのんだ。

第三回は翌明治四年十一月で、姫路藩主酒井侯が、制度改革で東京へ行き、再び姫路へ帰らないだろうから、至急に会いたいといってきたので、長崎から神戸に急行した。酒井侯は、「姫路に行って、先覚者として、藩士に外国の事物について話してやって下さい。明治になり、社会が変動しているときですから、姫路の人民に利益になることは、何んでも話してやってほしい」と望んだ。そして、このときヒコは酒井侯から紋付を受領した。当時、紋付の受領者は、それを受けた大名の領内では、大変な特権を与えられ、名誉であった。その紋付受領の披露かたがた、両親の墓碑の除幕式を兼ねて、最後の帰省をした。

横文字の墓

墓はいまでも播磨町本荘の蓮花寺山門をはいった、すぐ右側にある。裏にヒコが建てたという英文が刻まれているところから、俗に「横文字の墓」と呼ばれている。須方順栄住職は、「春秋の彼岸に寺でお経をあげております」と語った。三段積み御影石で、高さ三尺五寸七分、幅一尺四寸、厚さ一尺三寸五分と記録され、香盤には丸に違い矢の自家の紋をちりばめている。

蓮花寺の過去帳

蓮花寺の過去帳を、わたしは須方住職とともに調べた。墓碑の心・弘・修・秋は、こう記入されていた。

弘覚自性信士　安政三年十二月二十四日　浜　幸右衛門

（表面）

心観浄念信士
弘覚自性信士
修善即到信女
秋覚良秀信士

霊位

（裏面）

Erected
to the
Memory
of his
Parents &
Family
by
Joseph Heco
December
1870

（左側）

心
弘　安政三丙辰年十二月二十三日
修　嘉永三庚戌五月十有八日
秋　元治甲子年七月廿有八日

（右側）

明治三庚午年十一月

修善即到信女　嘉永三年五月十八日　浜　吉左衛門妻
秋覚良秀信士　元治元年七月二十八日　ハマ　吉左衛門

「浜」「ハマ」は「浜田」という字《あざ》の略である。字は東から西へ、古宮《こみや》・浜田・本庄と三つに分れている。

「吉左衛門妻」はヒコの母であることは、いうまでもないであろう。従って、吉左衛門がヒコの養父である。養父は、ヒコが『海外新聞』を発刊した元治元年になくなっていることがわかる。

そうすると、「弘覚自性信士」の幸右衛門は誰であろうか。安政三年はヒコ在米中であり、祖父と思われる。

死去の日時が刻まれていない「心観浄念信士」は、『ヒコ自伝』に「両親と兄弟の石碑」とあるから、義兄が生存中であり、法名を刻んだままにしておいたのではなかったろうか。が、蓮花寺の過去帳には「心観浄念信士」はない。蓮花寺になくとも、ヒコの生家のあった古宮の曹洞宗良仙寺にでもと思って調べた。が、「心」のついたものは「心覚浄念信士」と「心覚童士」の二つだけで、「心観浄念信士」はなかった。義兄ものちに郷里を離れ、ヒコも故郷との間におもしろくないことのあったあと、そのままになったのであろうか。今日では、わからない。

祖父だけあって、祖母がないのは変である。が、蓮花寺の過去帳によれば、「吉左衛門母」の「順理妙感信女」が嘉永二年三月十三日になくなっている。養父の母であるから、ヒコの祖母となる。嘉永二年は、ヒコが漂流する前、まだ浜田にいたころで、生母の一年前になくなっているわけである。すると、祖母の墓はすでにできていたので、まだ墓のつくってなかった生母以後の人々のをまとめてヒコが建てたのであろうか。

ヒコの伝記をはじめて単行本とした橋本政次氏の『ジョセフ・ヒコ』は、大正六年に発行された。橋本氏は「横文字の墓」のことをしるし、「寺へは地料として十円寄進した」と書き、「何か悪口を言ったものでもあつたのか、墓碑の建立に当つて蓮花寺へ寄進した十円の金も取返して、以来郷里へ寄つかず、そのまま消息を絶つてしまつた」と述べ、「その終る処は詳かでない」といっている。「その終る処は詳かでない」とは、そのころ特に調査研究したであろう橋本さんだけでなく、大正の初めころの、郷土の人々のヒコ観を物語るものといえよう。

ヒコの生家

播磨町の旧家である古阪正治氏は、幼時、古宮の自宅の南隣の浜田市之助という浜田からきた人の住んでいた家が、ヒコの生れた家だと聞いたことがあると語った。昭和三十六年五月、わたしが古阪家を訪ねたとき、その家はクリーニング商の家となっていた。

古阪さんの曽祖父―弥一平翁は、伏見鳥羽の役に従軍し、明治四十三年、八十六歳で死去。祖父―弥三郎氏は古宮一帯を差配した。父―賢二氏も、村長として永く村政にあたった。正治さんの話では、父賢二氏は、村長として、世にヒコの功績を認めさせたいと思っていたらしい。そして祖父の弥三郎さんに「ヒコのことをハッキリさせせんならん時代だから、話してくれ」と尋ね、祖父から「アメリカ彦のこと、くどくどいうな」と、叱られていたことを覚えているという。

ひとところ、ヒコは村八分どころか、村九分であったらしい。黒船を打つためにつくられた砲台場は、いまも古宮の浜に残っている。この砲台場をつくった当時の人々の血液には、攘夷の精神が脈々と流れていた。そして、四足《よつあし》を食べると、墓参りができないという習慣が、まだ力強く残っていた。そのころ古宮に建てられた良仙寺山門の「禁㆓葷酒《くんしゅ》㆒」と刻まれた石は、いまも門前に立っている。クンシュとは、「くさい野菜と酒」の意であり、くさい野菜は不浄なため、酒は浄念をみだすため、ともに清浄な境地である寺内に入ることを許さぬというのである。そこへ、洋服を着たヒコが帰郷してきた。しかも、くさい野菜や酒どころか、毛《け》唐《とう》の肌にふれ、四足を食べるヒコが帰ってきたのである。

キリシタン＝バテレンの魔法

この四足を食べるということが、ヒコの村八分された第一番の理由だったらしい。おまけに、アメリカ杖とそのころ呼ばれたステッキをつき、キリシタン＝バテレンの魔法をかくしたシルクハットをかぶっていることも、非難のまととなったらしい。そのうえ、村にきて、ドルで物を買おうとした。日本より大きな国アメリカへ行ってきたら、日本の金より、ドルのほうが、もっと値打ちがあると思っているのか、と反感をつのらせたらしい、と古阪さんは語った。

ヒコも、はじめは物珍しい人物として、村人の話題をにぎわしたであろう。そうして、その後、古阪さんの話のようなことがあったのであろう。その結果、橋本氏の著書に、「其の終る処を詳かにせぬと云ふに至つては、誰か彼の為に一掬《きく》の涙なきを得やう」と書かれるようになったのであろう。

しかし、村人すべてから毛嫌いされたとも思われない。たとえば、ヒコの母の再婚に仲人をした松浦家がそれである。

『江戸道中記』

　ヒコの義兄—宇之松、同村の利兵衛にとついだヒコの伯母お美津と三人で、横浜の米国領事館通訳をやめたころのヒコを訪ねた松浦市四郎の『江戸道中記』は、ヒコ旧宅のすぐそばの松浦家に伝わっていた。桜田門外の変のあった万延元年のそのころ、横浜—岩亀《がんき》楼の妓を落籍させていたころのヒコのプロフィールを伝え、その女が、ある夜、油をこぼしたとき、そばにあった結構な布でこれをふいたというので、「素性は争われないものだ。ああいう金使いの荒い嫁では」というような、当時の故郷の人々のヒコ観を知る資料の一つであった。

風呂の毛唐

　当主—武蔵氏の話では、「よく、いろんな人から見せてくれといわれ、方々に貸したりしていた。が、戦後わからなくなった。子供が古雑誌などを売るとき、その中にまぎれ込んでいたのかも知れない。集印帳式のものに筆で書いてあった。ヒコの母が浜田に再婚したときの仲人は、わたしの家だったので、ヒコが帰ってきたときも、わたしの家に泊った。風呂にはいっているヒコを、毛唐とはどんな人だろうと、村人がこわごわ、珍しそうに、のぞきにきた話をよく聞いた。ヒコから土産にもらったギヤマンの皿もあった。いま、息子の竹松のところに持っていっている」ということであった。

土産の皿

松浦竹松氏は、大阪ナンバのスタジアム営業部長で、大阪スケート＝リンク取締役企画室長を兼ねていた。松浦氏を訪ねたところ、昭和二十九年七月十四日付けで、「其後、田舎の方に尋ね合わし、また拙宅内についても調べましたところ、例の皿は、カケキズが出来ていたので捨てたらしい。その当時はとにかくとして、今日では物珍しくもなく、むしろ邪魔になったので、右のごとく始末したことを家族の者が申しております」と、家に帰って調べた結果を知らされた。

クツと代官

ヒコと親しかったという家は、この松浦家のほかに吉田家がある。昭和三十一年二月十七日の『朝日新聞（大阪）』播州版に「ジョセフ＝ヒコに新話題、娘が一人あった」という記事が載り、日本新聞協会の『協会報』二月二十三日号にも、

「ヒコに一人娘、故老が新事実発表」と報道された。加古川市の朝藤えん（六十八歳）さんの話として「祖父の吉田仁兵衛さんはヒコの親友で、村人は〃ヒコは狂人だ〃といって相手にしなかったが、仁兵衛さんだけは、ヒコとつきあった。ヒコが東京と長崎を旅行したときは、クツとかスリッパなどの土産をもらった。これが姫路の代官に知れ、石ころの上に座らされて、ゴウ問にかけられたこともあった。ヒコには長崎の愛人との間に一人娘〃おろくさん〃という人があった。生きておれば八十歳くらいだと思う」というのである。

わたしは早速、加古川の朝藤さんを訪ねた。朝藤さんの話では、祖父―仁兵衛さんは、長崎に行ったことはなく、神戸時代のヒコとつきあっていたとのことであった。ヒコの娘おろくさんは、そのころ四つくらいで、ませた子供だったそうだ。「母が髪をゆってやったこともある。ヒコとわたしの家は非常に親しくしていたので、わたしが十歳くらいのとき、わたしを子供にくれといったこともあるくらいである」と話した。

ヒコに一人娘おろくさんがあったのに、朝藤さんを更に子供にくれとヒコがいったとすると、話はちょっと、ややこしくなる。が、「わたしを子供にくれといったほど、ヒコとわたしの家は親しかった」例証として話すご本人は、何の矛盾も感じないようであった。

「一人娘」は誤報

わたしはそこで、「ろく」というのは、ヒコ夫人銀子さんの妹で、「ろく」さんの娘である馬場キミさんが、そのとき七十一歳の高齢だが、元気で東京に現存している話をした。ヒコと銀子夫人は神戸で結婚、おそらく、ヒコが若き妻の妹「ろく」さんを可愛いがっていたのを、ヒコの子供と思ったのであろう。ヒコの長崎時代なら話は別だが、神戸時代なら、この「ろく」さんにちがいないことを説明した。そして、このことを昭和三十一年五月、名古屋における日本新聞学会の学会で「ジョセフ・ヒコ研究」と題した報告のなかで発表した。

ヒコとともに漂流した播磨町の清太郎の子孫である本庄家には、清太郎がアメリカから持帰ったという、そのころのアメリカの新聞数葉が所蔵されている。そのころの外国の風習を主に選んだらしく、薄紙で裏打ちされている。多くの人が見にきて、もし破れては、と思って裏打ちしたのであろう。

ヒコゆかりの米英紙

が、これはヒコからもらったものでないかと思う。というのは、清太郎さんが漂流して日本に帰ったあとの日付けの新聞ばかりであるからである。清太郎さんやヒコが漂流したのは一八五〇年であり、清太郎さんが故国に帰るためサンフランシスコを出発したのが五二年である。それなのに、これらの新聞は五九年から六十年以後のものばかりである。さらに、清太郎さんが行かなかったアメリカの東部ニューヨークの新聞、さらにイギリスの新聞まで含まれている。

例えば、ニューヨークの絵入り新聞『フランク＝レスリーズ＝イラストレーテッド』Frank Leslie's Illustrated Newspaper の一八六〇年十月二十日付けは、共和党から大統領に立候補したリンカーンの像を載せたページであり、ニューヨークの絵入り新聞『ハーパース＝ウイクリー』Harper's Weekly の一八六二年七月一日付けは、南北戦争のマルパンヒルの激戦図を報道している。また、ロンドンの『イラストレーテッド＝ロンドン＝ニュース』The Illustrated London News は、一八五九年十二月三日付けで、ベルリンのシルレル祭の模様を絵入りで伝えている。

ヒコが米国神奈川領事館通訳として帰国したのは一八五九年六月である。こう考えると、これらの新聞は、いずれもヒコ帰国後のものばかりであることがわかる。アメリカや英国の新聞をヒコが読んでいた。そして、外国の風習を説明するとき、参考に見せていた。故郷へ帰るときも、たまたま持帰っていた、そして、清太郎と昔話をしたとき、思い出のアメリカを偲《しの》ぶ資料として贈った、というようなことがあったのではなかったろうか。

一一　神戸時代のヒコ

ヒコがあっせんした高島炭坑は、日本人と外国人の共同経営の最初のものとして注目された。が、あまりに、時代に先行したためであろうか、成功しなかった。そして破産の整理事務をとっているとき、ヒコに外務省から、官舎も提供する、年俸は千五百ドルくらいとの話があった。ヒコも大いに意を動かした。が、整理事務をする人が他におらず、ヒコに去られると困る、ということを聞かされたヒコは、この好条件の外務省の口を辞退した。明治四年十月のことで、時にヒコは三十四歳の働き盛りであった。このことはいまなおヒコの人柄を物語るエピソードとして語り伝えられている。

外務省の招きを辞退

翌明治五年、破産整理も大体終ったので、本野盛亨《もりゆき》からすすめられていた大蔵省に出仕、長崎をひきはらって上京、渋沢栄一の下で英人シャンド Alexander Allan

Shand と国立銀行条例をつくった。

ヒコと渋沢栄一

晩年、ヒコは家人に「わたしの死後、もし困るようなことがあったら、渋沢に話せ」と、つねに語っていたと、ヒコの晩年その家に長くいた夫人鋹子さんのメイ馬場キミさんは、わたしに語った。「そういうことはないであろう。もし、万一、そうなっても、渋沢なら必ずなんとかしてくれる。決して放っておくようなことはしないであろう」という気持の言葉と受けとれる。渋沢への信頼とともに、ヒコと渋沢のつながりを物語る言葉といってよいであろう。

そのころのヒコの仕事の一面を物語る資料として、明治大学図書館所蔵の「ヒコあて書簡」がある。「本日采女《うねめ》町於ニ精養軒ニ当寮雇英人幷ニ蘭人共四人馳走シ候積之処、都合モ有レ之ニ付、海運橋三井八郎右衛門宅ニ於テ相催シ候ニ付、刻限等之儀者《は》昨日申進候通ニ候間、其御心得ヲ以テ御出席被レ下度候也。壬申《じんしん》　十月二十三日、岡本土木頭《もくのかみ》　ヒコ君」と書かれている。壬申とは、明治五年のことである。

北風家と製茶輸出貿易

神戸の豪商北風家は、当主―荘右衛門らが、製茶の輸出貿易を計画、ヒコに相談を持ちかけたので、大蔵省を辞職していたヒコは明治八年、神戸に移った。そのころ日本から外国への輸出の最大のものは茶であった。そして輸出入の商権は当時の法では外国人が握り、日本商人による直《じき》輸出はできなかった。北風家のねらいもその辺にあったようである。

輸出された茶は、熱湯をそそぎ、これを煮出して砂糖・ミルクを加えて飲まれたらしい。また便所の臭気抜きにも使われたようである。が、北風家とヒコの提携事業もうまくゆかず、九ヵ月で閉店、あとはヒコが引受けることになった。

ヒコ商用薄

そのころのヒコの商用薄が夫人の実家―松本家に残っていた。縦二十七センチ、横二十三センチの和紙五十三枚綴りである。鉛筆で実に美しく書かれたヒコの筆跡は、いまなおハッキリと読まれる。ロンドンがほとんどで、横浜・長崎港を通じての取引きが多い。松本洵《ひとし》氏からわたしに贈られ、愛蔵している。

神戸の電燈とヒコ

ヒコはまた兵庫県令森岡昌純《まさずみ》の勧説《かんぜい》で、明治十四年、蒸気機関を備えつけた新式の精米所をひらいた。そのころの県庁の記録には、ヒコが森岡県令をしばしば訪れている。明治十七年に電燈をつける試験を行ったとき、アーク燈七個を弁天浜で一週間点じたが、ヒコの精米所の蒸気機関を県が借用して行ったもので、これが神戸市に電燈のついた最初であった。が、もうかるはずであった精米所は、砂をまぜたり、水をふくませて量目をごまかす同業者の多いそのころ、正直一途のヒコの商売は思うように繁昌しなかった。

「ヒコ氏居址」碑

いま、神戸市にあるヒコ遺跡としては、神戸市が昭和十年に建てた「本邦民間新聞創始者ジョセフ＝ヒコ氏居址」碑があげられる。ヒコの住んだ家は生田区中山手通六丁目－海員掖済会病院前の、この碑のある西方にあった。戦後になって増築された新館のあたりである。記録によれば、二百二十坪の敷地に洋館平屋四十坪と、日本建二階十二坪であった。明治二十一年に東京へ移るまで住み、のち、武藤山治氏もこの家に住んだ。が、大正の初めに取りこわされ、わたしが子供のころの大正の終りから昭和のはじめには、家政女学校や幼稚園があった。

武藤山治氏が住んだころの写真でも残っておれば、ヒコが住んだころの家の面影を知ることができようと、山治氏の子息である鐘紡社長の武藤絲治氏に照会した。武藤さんは、早速鎌倉の母堂にも尋ねて下さったけれども、残存していないと、昭和三十五年十二月に、調査結果を報告された。

ヒコが鋹子夫人の父松本七十郎翁のためたてた碑は、追谷城《おいたにじょう》ヶ口《ぐち》墓地にあった。昭和十年ころわたしが訪ねたときは、草ぼうぼうの谷間の墓地中央辺に、高さ二メートル、幅一メートルくらいの大きな青石の碑に、こう刻まれていた。

松本七十郎道貞者《は》、武蔵国深川松平兵庫頭《かみ》弟也、文政三庚辰年四月二十七日生、嘉永六年四月十四日輪王寺一品大王近臣松本家為《なる》二養子《と》一、爾来於二娘鋹子所レ嫁摂津国神戸浜田彦蔵宅一寂。時明治十四年六月十六日也。

写真も撮った。が、東面の墓碑は西からの太陽の逆光線で失敗。そのころ神戸にいたわたしは、いつでもまた写せると思っているうちに、そのままになっていた。そして、昭和二十九年六月、再び追谷墓地を訪れた。が、どうしてもわからない。しかも、二十年前とちがっている。で、墓地管理の木村澄夫氏夫人と二時間ばかり探した。それでもわからず調査したところ、昭和十三年七月五日、神戸を襲った大豪雨のため、追谷墓地は砂で埋まり、多くの墓石が流され、現在のところに移ったことがわかった。ヒコの建てた松本七十郎翁の碑は、いまはない。

ヒコの永代借地

神戸女学院には、ヒコ署名の永代借地券証が残っていた。ヒコが住んでいた「居址」碑のあるところを少し北に登った中山手通六丁目二十二番地のものであった。明治二年、四百二十七坪余を坪二歩の割合で永代借地として買った。が、そのころまだ神戸に住まなかったヒコは、明治六年、キリスト教宣教師グリーン氏に譲り、のち、明治三十二年にアメリカ本国の外国伝道事務所主計ウイギン氏の名に名儀を変更、ミッションの神戸女学院に書類が保管されていた。

これがどうなっているかと、昭和二十九年六月、西宮の神戸女学院を訪ね、溝口靖夫博士の厚意で、図書館を数時間にわたって調べた。が、なかった。そこで、女学院の会計監督であったフランク＝ケーリさんを尼崎の宅に訪ね聞いたところ、ケーリさんも戦前、ヒコの署名を見たことがあると語った。しかし、必要あって戦後調べたところ、なかったという。戦争直前に、いろいろの書類をアメリカに送ったとき、その中に入っていたのであろうということであった。

ヒコが書いた伝教大師教化の霊場という英文碑は、「兵庫の大仏」の名で親しまれている能福寺にあった。寺は戦災で焼失、昭和三十七年十一月に訪れたとき、碑は門を入ったすぐ右側のところに、数個に打ちこわれたまま地面に寝転がされていた。住職の雲井弘善師によれば、

伝教大師延暦廿三年
恭奉勅入唐伝法往還
寄舶最初教化之霊場

という文字の上部に、ヒコが同じ意味を英文で、こう書いているという。

ONE THOUSAND YEARS OR MORE AGO, BY REQUEST OF THE EMPEROR DENGIO DAISHI BROUGHT OVER FROM CHINA, THE RELIGION OF SHAKA OF INDIA. THE FIRST TEACHINGS OF THIS RELIGION IN HIYOGO WERE TAUGHT AT THIS TEMPLE, AND THIS SECT IS THE ORIGINAL OF ALL OTHERS IN JAPAN.

カトリックの洗礼を受けたヒコが、天台宗の能福寺の伝教大師の碑に英文碑を書いた関係は、ヒコ夫人鋹子さんの実家―松本家と、能福寺のつながりを調べると、すぐわかる。神戸市生田区役所にある鋹子夫人や、松本家の戸籍には、最後

のところに、

氏神　生田社

寺　兵庫南《(ママ)》逆瀬川町天台宗能福寺

と記されている。明治十四年ころのもので、壬申《じんしん》戸籍の名にふさわしく、神仏混淆時代を物語る「氏神・寺」を併記している。松本家は天台宗を信じ、鉦子さんも信徒だった。

能福寺と松本家

能福寺の雲井住職から昭和三十一年四月十八日付けでわたしに寄せた書簡によれば、当時の能福寺住職－加藤慈晃《じこう》大僧正は、北白川宮能久親王の侍僧として渡台、明治三十年十二月二十日に台湾で戦病死している。

北白川能久親王は、もとの輪王寺宮一品親王であり、宮が上野寛永寺にいたころ、鉦子夫人の父－松本七十郎翁は、この上野御殿の一品親王の近臣であった。北白川宮の近臣であった松本翁と、北白川宮の侍僧であった能福寺の加藤住職の

大仏の写真

ことを考えるとき、松本翁が維新ののち神戸に移り住み、能福寺の信徒となり、その娘である鋹子夫人を通じて英文をヒコに頼んだこともうなずける。

松本家には「兵庫の大仏さま」の黄色になった写真が残っていた。横六センチ、縦九センチの小さなものである。おそらく能福寺が写真師に撮影させ、お寺から松本家に贈ったものであろう。いま、松本洵氏からわたしに贈られ、ヒコ関係のわたしのアルバムに、ヒコの書いた伝教大師の記念碑の写真とともに、当時の能福寺を偲《しの》ぶ資料となっている。

一二　鋹子夫人、浜田家を再興

鋹子夫人の浜田家再興

ヒコが日本名を「浜田彦蔵」といったのは、故郷播磨町の自分の育った字《あざ》「浜田」にちなんでだといわれていた。が、わたしが調べたところによれば、ヒコは神戸時代に結婚した妻－松本鋹子《ちょうこ》を「先祖播磨国加古郡古宮村浜田長蔵死跡相続人」として、「明治十二年七月十七日」に「浜田」の家名を再興させている。

ヒコは文久三年に出した『漂流記』の結びで、「漂流以来九年をへて、長崎に来り、暫時滞留し、終《つい》に横浜に到着して、積年の患苦夢のごとくに覚へ、其うれしき事いはむかたなし。此儘日本に止りたくおもへども、亜国に恩人・信友多く、其上異国の言語・筆算は日用に差支なし。日本の事は習ひなければ、事毎に差支多く、又差当り活計の目当なく、乍レ去《さりながら》父母の国なれば、異国の人別《にんべつ》にて終らんも本意ならず。希《ねがわ》くは日本の読書《よみかき》をも学び、時を得て日本人別に戻り、亜国と日本の両間に在て、両国の為に微功をいたし、国恩を報ぜんことを願ふばかりなり」と述べている。浜田銀子の夫－浜田彦蔵として、再び日本人別に戻ったつもりであったのではなかったろうか。

「日本人別」への悲願

が、ヒコ生前には、日本にはまだ帰化法ができていなかった。わが国の帰化法がつくられたのは明治三十二年であり、明治三十年になくなったヒコは、終生をアメリカ人として過ごした。「日本人別に戻」りたい心の悲願を、「浜田鍒子の夫―浜田彦蔵」という可能の形であらわした妻―松本鍒子による「浜田の家名再興」であったように思われる。

馬場キミさんによれば、ヒコは晩年、毎日、夕食後に毛筆で習字のけいこを三十分から一時間くらいしたという。「日本の読書《よみかき》をも学び、時を得て日本人別に戻り」たいというヒコの言葉は、真実であったことがわかる。

生田区役所の戸籍謄本

神戸市生田区役所の戸籍謄本によれば、鍒子夫人は安政六己未《きみ》年十一月二十日生れで「先祖播磨国加古郡古宮村浜田長蔵家督相続人浜田ひでナルモノ多病ニシテ、十二年五月中再絶家ニ付、十二年七月十七日再興願出ニ付許可」として「明治十二年五月浜田ひで代絶家、明治十二年七月十七日家名再興」と記されている。「浜田ひで」は、備前国(岡山県)佐野郡岡山内山下《うちさんげ》の森信時二女で、満三歳の明治十一年十一月六日に、鍒子夫人の実弟―松本銀三郎の養女に入籍、この「ひで」が二日後の十一月八日に、「松本銀三郎祖先播磨国加古郡古宮村浜田長蔵代絶家」を再興した。が、「多病にして」「永続の見込み相立たず」十二年五月七日、願済の上、「浜田」家を廃絶し、「ひで」はいったん松本家に復籍の上、生家の「森」にもどっている。

森信時という人と、松本銀三郎氏のつながりは、岡山市役所の古い戸籍が昭和十四年の火災で焼失したためわからない。が、松本銀三郎氏夫人－千代さんは岡山の人であり、その辺につながりを解くカギがあるように思われる。

いずれにしても、「ひで」という人は、ヒコとのつながりでなく、銀子夫人の実家－松本家の関係から、しばらく「浜田」姓を名乗ったことは明らかである。ヒコと銀子さんが結婚し、「ひで」を「浜田」姓にし可愛がっていた。間もなく、これを廃して、銀子夫人自身に「浜田」家を再興させたことを記録は示している。これらのことは、ヒコとも相談の結果行われたことは、いうまでもないであろう。

では、ヒコと銀子さんの結婚は明治何年か。ヒコが神戸に移ったのは明治八年であり、松本家が神戸に転じたのは明治九年五月であるから、この明治九年から「ひで」に浜田家を再興させた明治十一年十一月までの間ということになる。仮に明治十一年とすれば、ヒコは四十一歳、銀子夫人は十九歳となる。横浜時代、岩亀《がんき》楼の妓を落籍させていたヒコは、四十歳前後の晩婚で、二十二歳ちがいの銀子夫人を迎えたわけである。

松本洵《ひとし》氏によれば、ヒコと銀子夫人の仲人は「神戸市栄町で輸入材木商を営んでいた中口昇であったと聞いている」由である。洵氏の父－松本銀三郎氏と妻千代さんの戸籍には、後見人として「栄町通五丁目　中口勝次郎」の名が記載されている。輸入材木商の中口家とヒコの関係から、ヒコと銀子さんが結ばれたように思われる。

一三　東京時代のヒコ

東京に移る

神経痛に苦しんだヒコは、明治二十一年、神戸から東京に移り、文京区小石川原町一六の酒井伯邸の隣や、本所横網町（いまの両国横の河岸）に住んだ。

松本洵《ひとし》氏によれば、「ヒコの本所横網町の家は、明治三十年ころは前方に元陸軍被服廠の至極広々とした閑静地があり、門前に安田善次郎、付近には藤堂伯・伊達侯・津軽伯・水戸公などの屋敷多く、隅田川の水清く、白魚の夕漁《ゆうさり》など、すこぶる環境よきを見て、居をここに求めたようです」とある。

ジェームスとヒコ

入沢達吉博士の『万次郎と彦蔵』によれば、入沢博士はヒコが心臓病のとき、一回はジェームス邸で、一回は本所横網町のヒコの自宅で診察したと書いている。ジェームスというのは、高村光太郎の妻－智恵子さんの入院したジェームス坂病院（いま東芝大井病院となっている）のあるジェームス坂の名で親しまれている、そのジェームス John M. James である。

松本洵氏や馬場キミさんの話では、愛妻－片岡八重子さんを亡くしたあと、ジェームスは艦船の回航に英国へ赴くとき、家をヒコにあずけ、タンスなどにもカギ一つかけず、普段そのままにして出かけ、ヒコもまた、食器など、すべてジェームスのいるときそのままのものを使っていたという。

ジェームスがヒコの墓地引受人

東京都政史料館には、ヒコ死去のとき、ジェームスが岡部長職東京府知事に提出した青山墓地の願書が保存されている。また、青山霊園管理事務所にある「墓地々割図」には、「米国ジョセフ＝ヒコ」の「引受人」として「ヂェー＝エム＝ヂェームス」と書かれている。引受人とは、いまの条例では「埋葬場所の使用者」である。仏教に帰依して、身延久遠寺《くおんじ》の奥の院登山口から少しすすんだ上行堂の隣の「日本帝国勲二等英国人　甲比丹《かぴたん》ゼイムス墓」に眠るジェームスと、ヒコは、単なる友人以上のつきあいをしていた。

ヒコ死亡届は池辺博士

ヒコの死亡届は、大正天皇の侍医頭となった池辺棟三郎博士が書き、東京都政史料館に残っている。

死亡届

一、病名　心臓肥大兼右助膜炎　ジョセップ、ヒコ　六十二年

一、経過　不明

一、死因　心臓麻痺ニ依テ斃《たお》ル

右者拙者施《せ》治《ち》之患者ニ候処、十二月十二日午后五時三十分頭書之通り死亡候ニ付此段及二御届一候也。

明治三十年十二月

東京市本所相生町五丁目二十三

医学士　池辺棟三郎　印

ベルツ博士とも親交

ヒコは明治天皇の侍医ベルツ博士と親しく、ベルツ未亡人は、ヒコ未亡人鋹子

さんと長くつきあった。ベルツ博士・入沢達吉博士・池辺博士に脈をとってもらったヒコの晩年は、恵まれた人生ということができよう。

馬場キミさんは、「酒井伯爵さまのお隣にいましたときは、裏にきれいな花畠があり、殿さまも時々おいでになりました」と語り、「本所横網の家には、外国のお客さまが、日本人の家を知りたいと、おいでになることもよくありました。そういうときは料理屋からコックさんがきて、ごちそうしていました」とも話した。

夫妻でニコライ堂へ

また、「伯母はヒコさんを〝あなた〟と日本流に呼

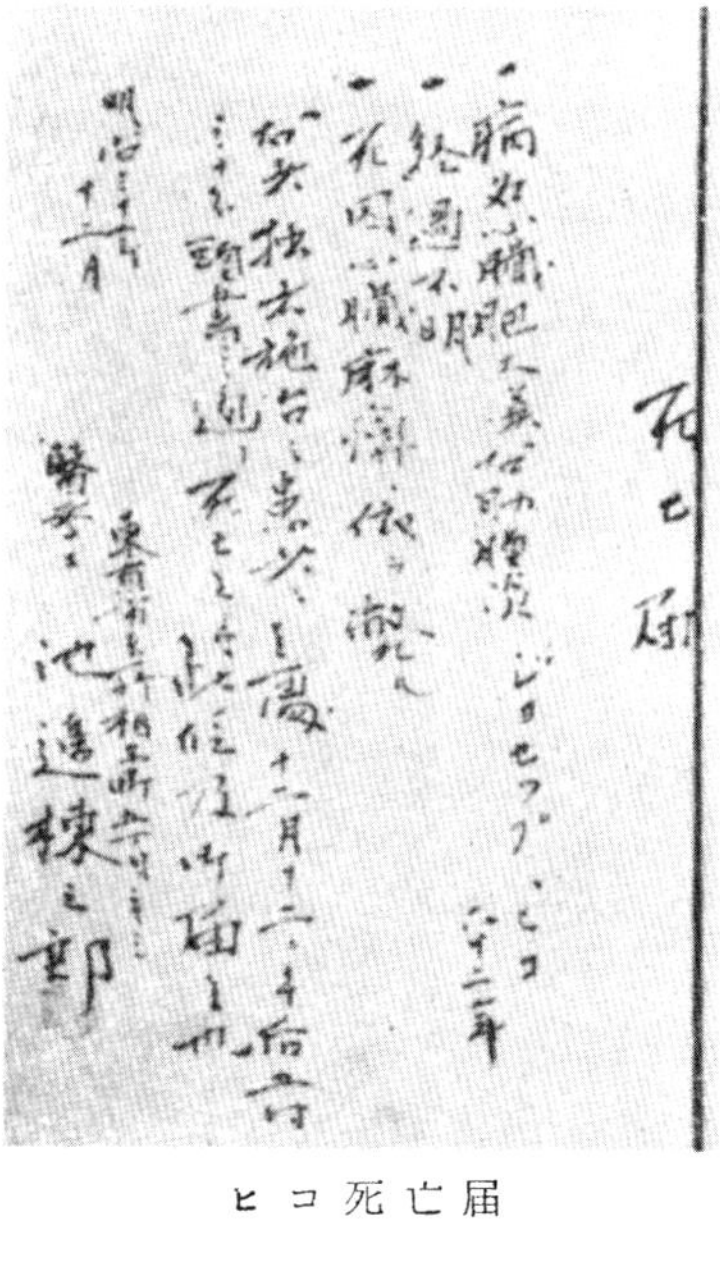

ヒコ死亡届

んでいました。小さなまげをゆい、いつもキチンとした身なりをしている人でした。時々、二人でニコライ堂にいっていたことを覚えています」とも語った。ニコライ堂の異国情緒に、在米時代の若き日の生活を思い出していたのであろうか。カトリックの洗礼を受けたヒコ、波乱に富んだヒコの生涯を顧みるとき、ニコライ堂に静かな散歩を楽しんだ晩年のヒコの姿が偲ばれる。

一四　『漂流記』と『ナレティブ』

『海外新聞』発刊以外にも、ヒコの文化人としての業績には、著書二つがあげられる。一つは文久三年に出版した『漂流記』上下二冊で、もう一つは英文自伝 The Narrative of a Japanese 上下二冊である。

『漂流記』

『漂流記』は木版の和綴、上三十三枚、下三十五枚である。日記体の漂流した記録のほかに、アメリカの共和政治の由来・法律訴訟・米国教法のこと・婚礼・

祭日・遊戯のことからヨーロッパ将棋の図や、テリガラフ(電報のこと)・蒸気車・義足・鉄橋・鉄船まですべて絵入りで説明されている。福沢諭吉の『西洋事情』より三年前に出版されたこの『漂流記』が、全く目新しい新知識として注目されたのも、ゆえなしとしない。

『漂流記』が木版で出版できたのは、ヒコがアメリカに帰化していたからであろう。当時、漂流者が漂流記を出版するような例は、他には見られなかった。

わずか十三歳の少年の時代に、生命がどうなるかもわからないとき、その日、その日のことをメモしていたことは、ヒコが寺子屋教育を受けただけでなく、性格的に、きちょうめんで、真面目に、こまめに、すべての物事をキチンと処理した人物であったことを物語っている。

十一月二十九日　連日の雨始て晴る。

十二月朔日　二日　此日天気よく、西風少しく吹けども、寒気甚強し。

十二月三日　朝より天曇り、夕刻に至り雪ふる。

このような記述は、漂流して十何年たって記憶だけをたよりにしては、とても書けない。漂流中も日記をつけていたことがわかる。

『ナレティブ』

英文自伝『ナレティブ』は、東京都政史料館の東京都史紀要『東京の英学』にも、「日本人の英文著書の最初のものとして特筆される」と書いている。ヒコの原稿にマードックが手を入れてまとめた。

『開国之滴』

のち日本銀行総裁となった土方《ひじかた》久徴氏が、明治二十六年、鷗州散史《おうしゅうさんし》の名で、上巻を「開国之滴《しずく》」と題して翻訳、博聞社から出版した。幕末から維新にかけての興味ある時代を背景に、神奈川の米国領事館通訳として、また明治新政府のお雇い外人として、内外の両側に立って、いろいろな事件に活躍したヒコが、数々の歴史上の事件を、自分の直接の見聞をもとに、外国側・日本側の報道を加味して、英語で上下六百ページにまとめ、ロシア皇太子の大津事件・美濃の大地震でペンをおいている。外国人の維新当時の見聞録は、他にもある。が、日本人としては書けず、といって、外国人としては、なおさら書けないところも、日本人であって、同時に、米国人でもあったヒコにして、はじめてよくなし得るところが特色となっている。

『ナレティブ』の上巻には奥付がなく、下巻は、明治

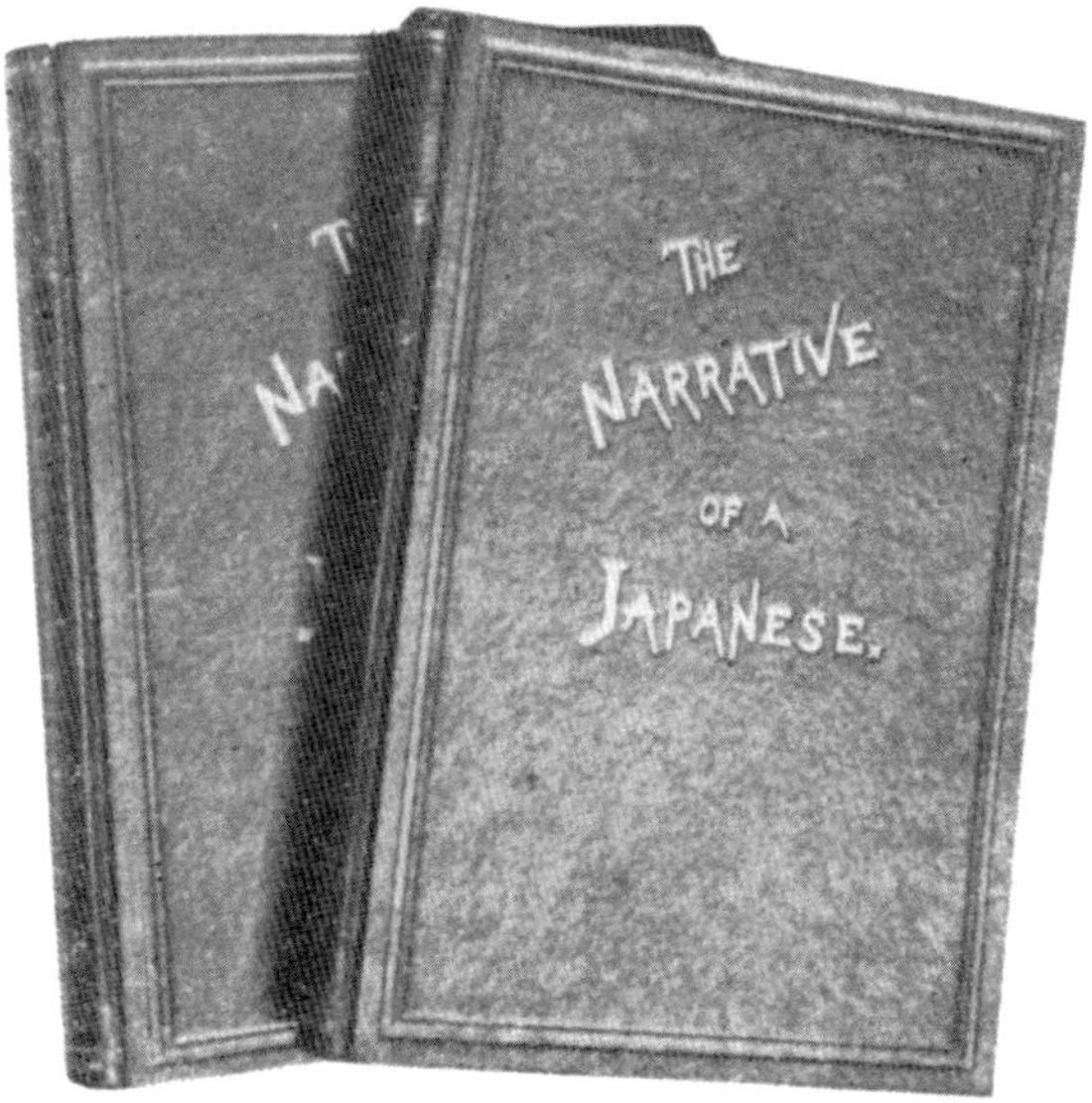

ヒコ自伝『ナレティブ』

二十八年五月十日発行。発行兼版権所有者―浜田吉―発行所、丸善株式会社書店。印刷所―ジャパン＝ガゼット新聞社。定価金三円、となっている。浜田吉というのは、銀子夫人の養女となった夫人の実弟―松本銀三郎氏長女ヨシさんのことである。

丸善『本の図書館』の中村春太郎氏によれば、震災・戦災で資料が焼失したため、上巻がいつ発行されたか、正確にはわからない。が、上巻の販売方法不明のため推定すれば、下巻発行のとき上下二冊揃として販売したらしく、そのため下巻だけに奥付がつけられたのでなかろうか、とのことであった。

『ナレティブ』の発行年

土方氏翻訳の『開国之滴』には、「近き頃初巻を梓《し》に上《のぼ》しつ」と書かれている。『開国之滴』は明治二十六年十一月に発行されているから、『ナレティブ』上巻は、二十五年の末か、二十六年の初に発行されたと見るのが妥当ではなかろうか。

『アメリカ彦蔵自叙伝』

翻訳は土方氏の『開国之滴』のほか、昭和七年、土方久徴・藤島長敏共訳、高市慶雄校訂並に解題として、明治文化研究会編で、「ぐろりあ　そさえて」から『開国逸史アメリカ彦蔵自叙伝』が出版され、数少ないヒコ関係の資料の一つとなっている。土方氏の『開国之滴』と、ヒコ在世中に藤島氏が訳していた未刊の下巻訳稿を、高市氏が「校訂」した。

が、天理図書館長ー富永牧太氏は、『ビブリア』第一輯の「アメリカ彦蔵ナレティーヴ諸本を遡って」で、これさえも「謡曲的翻訳」で「好事に殃《わざわ》ひされた非科学的なもの」といっている。

　原文の冒頭は I was born in the Island Empire of Japan, in the village of Komiya in the Province of Harima in the Sanyodo on the shore of the Harima Nada. と書かれている。これを土方氏は「須磨明石、名所に富し播磨潟、古宮の郷は予が懐かしき故郷なり」と訳している。誤訳にも何にも、今日の翻訳意識をもってしては律するに困難を感ずる。そのような土方氏の訳と、異質の藤島氏の訳を高市氏が補訳した。しかし、ここに珍なる意匠は、鷗州散士の飛び飛びの雅訳たる文語文『開国之滴上』を、そっくりそのまま底にして、四十年後の昭和の口語文をもって逐字的に補入改訂していることである。何故にこの謡曲的翻訳をすて、新規に翻訳し直さなかったか、というのである。

もう一つ、『世界ノンフィクション全集』十四巻として、中川努訳『アメリカ彦蔵回想記』が昭和三十六年に発行された。ところがこの本は、高市氏の『開国逸史アメリカ彦蔵自叙伝』でさえ、ヒコの原本三十五ページのものを二十三ページにちぢめて、「謡曲的翻訳」といわれている冒頭の部分を、更に、わずか二ページの「生い立ち」ですませ、(要約)としている。しかも、第一行目から、ヒコの生れた「古宮村」を「小宮村」と書き、「寺子屋」を「寺小屋」と誤るなど、書誌的にも不備である。それだけでなく、原書の下巻二百五十四ページを、わずか一ページ半の概説ですませており、翻訳とは申せない。

中川さんは昭和三十九年二月、山口修氏と平凡社の東洋文庫に『アメリカ彦蔵自伝』1・2として、山口さん担当の注をつけ発行した。

一五　「浄世夫彦之墓」

芥川龍之介は斎藤茂吉の歌集『赤光』を読んでから、見る見る新らしい世界が顕出し、「茂吉とともにおたまじやくしの命を愛し、浅茅《あさぢ》の原のそよぎを愛し、青山墓地を愛し、三《み》宅《やけ》坂を愛し、午後の電燈の光を愛し、女の手の甲の静脈を愛」するようになったといっている。

ならび立つ墓石《はかいし》のひまにマリガレツといふ少女《おとめ》の墓も心ひきたり　　青山墓地

という茂吉の青山墓地の歌も、龍之介の「精神的自叙伝を左右」したものの一つであったろう。

浄世《ジョセ》夫《フ》彦之墓

は、その青山の外人墓地にある。わたしがヒコの墓にまいったのは、そのころ勤めていた『毎日新聞』の神戸・阪神・兵庫三地方版に「播州の生んだわが国〝新聞の父〟ジョセフ＝ヒコ生誕百年祭を迎へて」を八日間連載した昭和十一年八月の前年秋、資料を集めているころであった。ヒコを〝新聞の父〟と呼んだのは、この小文が最初であった。それまでは「新聞の元祖」「民間新聞創始者」などと呼ばれていた。

そのとき、「この墓に参られる方は、管理のことにつき相談したいから来所さ

浄世夫彦之墓

れたい」という墓地管理所の立札を心淋しく眺めた。京都の同志社大学で、昭和二十九年五月にひらかれた日本新聞学会の春季研究発表会に「海外新聞発刊九十年」を研究報告することになったわたしは、青山のヒコの墓が、戦災後どうなっているかを知りたく思った。あれから十有九年。京都に住んでいたわたしは、東京大学新聞研究所の内川芳美助教授に、ヒコの墓の現状を尋ねた。

内川助教授の報告

　内川さんは、すぐ青山にヒコの墓を訪ねて報告して下さった。「墓は十数年前に近盛さんがいらっしたときとおそらく同じ状態で、そのまま残っています。しかし台石や墓石もかなり苔がむしていて、訪れ手向《たむ》ける人もないのか、春の彼岸をすぎて間もないころであるのに、花の捧げられた様子とてなく、わが国新聞界の大先覚ヒコの墓としては、余りにもうら悲しい感じでした。ちょうど家内と一緒でしたので、ヒコの功績を回顧し、粗花を挿して合掌いたしました。〝浄世夫彦〟の名は、まことに彼にふさわしく思いました。しかし暗黒の封建社会に、一条の光を掲げて、来るべき新しい世代を拓《ひら》いたヒコのあの面影、そのころの多端なりし日本、眼前にほうふつとよみがえってくる歴史状景の中に、今は訪れる人もなく、こうして忘れ去られようとしているかれの苔むした墓の前にたたずむ私の感慨は、表現の言葉に窮するほど復雑なものであったように思います」とあった。

ヒコの墓が無縁仏のようなままであることがわかると、遺族の方はどこに、どうしていられるか、ということが気にかかる。わたしは一度お目にかかれないものかと思うようになった。小野秀雄先生なら御存知だろうと、お尋ねした。

小野先生からもすぐ返事をいただいた。が、「ヒコの孫は、戦前、下谷《したや》にいましたが、専ら故石井研堂君が交際していましたので、私は会ったことがありません。今になっては調べようがありません。その家に残っていたヒコの『海外新聞』も、原稿も、尾佐竹（猛）君の郷里で焼失し、今は石井君の書いた記事が『明治文化』に残っているだけです。残念ですが、右の始末です」とあり、数少ないヒコの『海外新聞』の実物も焼失した悲しみをさらに深くするのみであった。

入沢博士の手記

　ヒコの養女ヨシさんの嫁した本間義次郎博士は、入沢達吉博士が花園兼定著『異人の言葉』に寄せた手記によれば、「酒田の本間家の分家なりといふ」とあるので、酒田の本間家なら、義次郎博士の遺児英太郎氏の現住所がわかるかも知れないと思った。照会にたいして「おたずねの御方は当家とは何の関係もなき方にて、一向御名前も存じあげません」と返信があった。さらに入沢博士の手記を詳しく説明して、再び問合せたが、「当家記録調べ候へども、本間義次郎氏とは全く関係無レ之候」と「本間真子家政所係」から、入沢博士の「分家なりといふ」の「といふ」ことが「誤」である旨の回答をうけた。

　ヒコの育った播州浜田は、兵庫県加古郡播磨町の小字《こあざ》である。播磨町役場には、ヒコ関係の浜田・本間両家の戸籍は明治以来、一つもなかった。

広島大学の本間博士履歴書

ところが、原爆都市ヒロシマの広島大学任用係西本悦夫氏の厚意で、広島高師教授時代の故本間義次郎博士の履歴書を発見することができた。本籍地は東京下谷区上根岸町七三番地となっている。管轄の東京都台東区役所戸籍課に照会したところ、木下幸係長の周到な調査で、ヒコ未亡人鉦子さん・本間博士未亡人ヨシさん・次男英太郎氏は、いずれも戦後に死去されていることがわかった。

鉦子未亡人の死去

鉦子未亡人は八十七歳の高齢で昭和二十一年一月九日死去。ヨシさんは六十五歳で翌二十二年七月九日、英太郎氏は四十五歳で二十三年四月十三日と、戦後、一年ごとに相次いで三人とも死去されていた。戸籍上では英太郎氏に妻子なく、「全員除籍につき昭和二十三年四月二十四日本戸籍消除」と「本間英太郎除籍」に記入されている。英太郎氏の死去届に同居者となっている東京都北多摩郡昭和町大字福島一〇二七番地の井上広三郎氏あてに、英太郎氏死去当時の模様を照会したが「受取人宛所に尋ね当りません」と、立川郵便局から返送された。

ヒコの遺族は死に絶えていた。本邦新聞史を不朽に編んだヒコの墓は「無縁仏」となっていた。鎖国禁教後、日本人として最初のカトリックの洗礼を受けたヒコの墓ではあるが、キリスト教徒のいう「無名氏の墓」よりも、われわれが俗に「無縁さん」の言葉でいいあらわしている「無縁仏」の文字が、一番ぴったりとくる墓となっていたのである。

同志社大学での新聞学会で、わたしはこれらのことを報告した。そして、その後も鋹子未亡人の実家である松本家の戸籍を探し、当主である洵《ひとし》氏が東京都調布市に住んでいられることをようやくさがしだした。鋹子さんのメイ馬場キミさん、ヨシさんの実妹中山千子さんなどにも手紙で照会した。が、いずれの方々も、戦争中・戦後のいろいろな影響もあって、鋹子未亡人・本間ヨシさん・英太郎氏の死去をご存知なかった。

鋹子夫人の実家松本家を訪ねる

昭和三十一年一月、上京したわたしは調布の松本洵氏を訪ねた。松本さんは大正五年の慶応義塾理財科の出身で、このとき六十六歳であった。そして本間英太郎氏が生前、鋹子未亡人の姉で古橋家に嫁いだ「こと」さんの末子である古橋半蔵氏を頼って、八王子市の遊廓「紅家」で働いていたらしいことを聞いた。で、とにかく「紅家」を訪ねた。古橋さんもすでに亡くなり、近くでパーマネント店を営む村下とくさんが、古橋さんと親しかったので、英太郎氏のこともよく知っているとのことに、村下さんをさがした。村下さんはそのとき四十九歳とのことで、十年前の英太郎氏のことをよく覚えていた。英太郎氏は英語も多少わかるので、進駐軍の兵隊さんの通訳として、店でも重宝がられていたという。

本間ヨシさんの死去

そのころ、英太郎氏の母ヨシさんは、かつてのお茶や花のお弟子で、銀座に洋服店を営んでいた人の鎌倉の別荘においてもらっていた。が、病気になり、英太郎氏が迎えにいって連れ帰り、八王子駅の荷物を入れる倉庫が物資欠乏のそのころ空屋になっていたので、そこに寝させてもらっていた。最期は右田病院で亡くなったことがわかった。が、右田病院ではカルテを五年間保存して焼却してしまっているため、臨終の詳しい模様はわからなかった。

英太郎氏は、母ヨシさんの遺骨を持って、五日市の親族—馬場さんを訪ねたのでなかろうか、母の遺骨を持って八王子を出たまま、再び帰らなかったと村下さんは話した。

五日市の馬場さんは、本通りにデパート「大井屋」を経営している。母堂キミさんは銀子未亡人の妹ろくさんの娘で、若いころヒコの家に長くいた。そのとき七十二歳の高齢であったが、元気であった。しかし、英太郎氏は母ヨシさんの死後、五日市には来たことがないとのことであった。

本間英太郎氏の死去

五日市から東京に帰る途で、わたしは英太郎氏が死去した昭和町を訪ねた。そのころ昭和町は昭島《あきしま》市となっていた。戸籍謄本に「同居者—井上伭《（ママ）》三郎」と記載されている井上氏は、むろんいない。が、「井上伭三郎」は「伝三郎」の誤りで、井上伝三郎氏夫人の弟である岡田義雄氏が、当時の井上氏宅に住んでいた。従って、英太郎氏死去のころの模様を詳しく知ることができた。

かつては軍の建物で、おそらく兵舎にでも使われたらしい木造バラックに、十家族以上の人々がその一棟に住んでいた。岡田さんの話では、井上氏や岡田さんが立川飛行場の滑走路整備をやっていたころ、英太郎氏が人夫として傭われてきたという。二―三ヵ月働いたのち、腎臓病で一月くらい寝て死んだ。骨は立川の寺に納めた。が、義兄も数多くの労務者の葬式をしたので、一々、寺の名は覚えていないだろうとのことであった。

本間家の遺品

「そうそう、英太郎氏の遺品がありましたよ」と仏壇から持ってこられたのは、父本間義次郎博士の履歴書と、本間吉子《(ママ)》名儀の三十円の「大東亜戦争特別据置貯金証書」、英太郎名儀の「保険金百六十八円」の簡易保険証書と領収書、英太郎名儀の四十円の「定額郵便貯金証書」の五点であった。のち、これらの遺品は岡田さんからわたしに贈られた。

英太郎氏については、のち、馬場さん、その三女で鳥海家に嫁いだ八重子さんらの話をもとに、明治大学・ＮＨＫで調べたところ、大正十五年三月、明治大学政経専門部卒、一年志願兵として世田ヶ谷野砲一連隊に入隊、昭和九年五月二十八日付けでＮＨＫの札幌採用、六月九日に函館勤務、十一月十日休職、十二月二十日腎臓病のため退職。東京に帰り、酒と株で失敗、とりまき連に「金を出したら重役にしてやる」とおだてられ、ヒコ遺品の木戸孝允・伊藤博文の手紙などを持出して金にかえたらしい。ひところ烏山《からすやま》の陸軍少将のお嬢さんと結婚した。が、ヒコ未亡人・本間未亡人と、二人の未亡人をかかえた英太郎氏の新婚生活も、楽しかったのは僅かの間で、離婚したらしい。

わたしは、英太郎氏の遺骨は砂川町の光隆寺、柴崎町の普済寺、南部線西国立《くにたち》の正楽院の三つの寺のどこかに納めたのではないかと思って調べた。が、どこにも記録されていなかった。

田端の大龍寺

そこで、浜田家・本間家・松本家・馬場家など、ヒコゆかりの家の墓がある東京田端の大龍寺を訪ねた。銀子未亡人は、かねてこの大龍寺に墓地を求め、亡き夫―ヒコの青山の墓も、ここ大龍寺に改葬したいと語っていたという。

天台宗の信徒であった銀子未亡人が、真言宗の大龍寺に墓地を求めたのは、松本家の墓のあった天台宗の寺の住職が、株に手を出し、寺に白粉顔の女を入れるようなことから宗旨替えをしたからであると、松本洵《ひとし》さんは、わたしに語った。

大龍寺は戦災で焼け、仮本堂であった。が、墓地は昔のままである。住職―野口正道師はそのとき六十四歳で、脳溢血で倒れたあと、足が不自由であった。そして、「浜田一馬とは京華中学のクラスメートでした」と語った。

ヨシさんと本間博士の結婚

ヨシさんが本間義次郎博士と結婚するには、明治のそのころ、養女であっても、浜田家の一人娘が他家に嫁ぐわけにゆかない。そこで銀子未亡人の弟―銀三郎氏

本間清雄

三男で、松本洵氏の弟である一馬氏が浜田家の養子となり、ヨシさんは本間博士と結婚できた。

　ヨシさんと本間博士の結婚は、馬場さんの記憶では、ヨシさんが数え年十七歳のときだったという。そうすると、ヨシさんは明治十六年生れだから、結婚は明治三十二年ということになる。ヒコの死去は明治三十年十二月十二日だから、ヒコの死後、鋹子未亡人がヨシさんの結婚に関心を深めたのであろう。

　ところが、戸籍謄本によれば、一馬氏が浜田家に養子となったのは、明治三十四年十月八日となっている。結婚してヨシさんに子供が生れそうになった。そこで籍のことを急ぎ……というようなことがあったのではなかったろうか。事実、英太郎氏は「太郎」の名がつけられているが、長男でなく、次男である。長男―清雄があり、その墓は大龍寺にある。清雄は明治三十五年五月十三日、生後まもなく死去、次男英太郎が翌三十六年五月三十一日に生れている。

「浄世夫彦之墓」

本間家の戸籍は、大正十二年の大震災で焼失、大正十五年六月二日に再製され、戸主英太郎と母ヨシの二人だけが記載され、長男清雄のことはわからない。大龍寺の墓で死去の年月はわかっても、生年月日はわからなくなっている。

本間博士とヨシさんが結ばれたのは、松本洵氏によれば、本間博士の父ー本間光明氏も、ヨシさんの祖父ー松本七十郎翁と同じ輪王寺宮北白川一品親王の側近勤めをした同役であったことからだという。そうして一馬氏を松本家から浜田家の養子に迎えて、ヨシさんは本間博士と正式に結婚届を出したらしい。その一馬氏と中学時代に同級生だった野口住職の思い出話は、自然に、寺の信徒というよりも、親しい人の追憶談となった。

大龍寺に鎭子未亡人の遺骨

野口さんによれば、英太郎氏は電車賃を貸して欲しいといって、時々、借りに来たらしい。お母さんの墓はチャンとこの大龍寺にあるのだから、お骨を持ってくればいいのに、なぜ持ってこなかったのでしょうと残念そうであった。そして、

「浜田鋹子さんのお骨を、ヨシさんがたった一人で風呂敷に包んで持ってきて、自分の長男―清雄の墓のうしろに納骨されたときの淋しそうな姿が、いまも目の前に見えるようです」と語った。

鋹子未亡人は、すぐそばにある「浜田家の墓」にははいりたくないと語っていたという。それで、ヨシさんは、母としてつかえ、ずっと生活をともにしてきた鋹子さんの遺骨を、自分の、生れてすぐ死んだ愛児―清雄、それは鋹子さんにとって初孫の清雄の遺骨のそばに納めたというのである。案内しましょうと、杖をたよりに墓地へ進む野口さんの口は自然に「南無阿弥陀仏」を唱えていた。

ちょうど、正岡子規の「子規居士之墓」と直角にならんでいるのが浜田・本間家の墓である。正面に「浜田家之墓」とあり、左側に四行こう刻まれている。

高智院法幢浄弁居士　　明治三十年十二月十二日

高顕院法寿妙操大姉

浜田家の墓

高照院慈光明意居士　昭和十六年二月七日　行年四十八歳

真興院慈明妙善大姉

裏に「昭和十六年五月七日建之　施主浜田光枝」と刻まれている。

「高智院法憧浄弁居士」というのは、青山外人墓地にあるヒコの「浄世夫彦之墓」にも刻まれている号である。鎖国禁教後わが国最初のカトリック受洗者であるヒコの墓に、仏教の号が刻まれているのは、なぜだろうかと思っていた。そして、明治の昔からここに墓地を求めていた鋹子夫人のことを思うとき、真言宗と思われる「高智院法憧浄弁居士」のその法号を考えると、それが鋹子夫人の意思であることがハッキリした。しかし、この大龍寺の墓にはヒコの遺骨は納められず、号が刻まれただけである。

「あの墓にははいりたくない」

ところが、ヒコと並んで「高顕院法寿妙操大姉」と自分の号を刻んだ鋹子未亡人は、のち、「あの墓にははいりたくない」と語り、その遺言どおり、そこには納骨されず、墓碑に法名だけが残ることになったのである。

「高照院慈光明意居士」は浜田一馬氏であり、その左の「真興院慈明妙善大姉」は一馬夫人―ミツさんである。一馬氏は兄松本洵《ひとし》氏と同じく慶応の理財科に学んだ。昭和十六年に兵庫県西宮市で死去。未亡人ミツさんも昭和三十七年十二月十九日、奈良県宇陀郡榛原《はいばら》町で死去、戸籍上の浜田家は、のちミツさんの弟森新一氏が養子となり、昭和四十四年死去、全員除籍のため絶家となっている。

「浜田家之墓」のすぐ左に「理照院栄学義光居士」と「光照院栄寿妙貞大姉」と刻まれているのは、本間博士夫妻の墓である。が、ヨシさんの遺骨は英太郎氏がどこに納めたのであろうか、墓銘が残っているだけで、遺骨は納められていない。

二人の本間清雄

「本間清雄之墓」という一段と小さな墓が、そのすぐ左側にある。右側に「明治三十五年五月十三日」と刻まれ、英太郎氏の亡兄―清雄さんの墓である。

本間清雄といえば、ヒコが『海外新聞』を発刊したとき、ヒコの口訳を筆記した本間潜蔵が、のちに名乗った「清雄」と姓も名も全く同じである。ヒコ亡きのち、養女として育てたヨシさんの最初に生んだ男の子に、ヒコの良き協力者であった「本間清雄」の名をそのままに名づけたことは、何か、ヒコの霊に祈るような気持があったのではなかったろうか。そのころ外務省人事課長・弁理公使をやめ、植村正久のもとで宗教界に活躍していた本間清雄のことは、鋹子さんも、ヨシさんも知っていたであろう。夫・父ヒコのよき協力者であった本間清雄のように、ヒコののちにこの人ありといわれるような人になってほしいと、両未亡人が念じたのではなかったろうか。

その清雄の墓石のすぐうしろに、ヨシさんは鋹子未亡人の遺骨を納めたのである。「遺骨はここのところです」と指す野口住職の手も、心なしか小さくこきざみにふるえていた。

青山の外人墓地

一六　「ヒコ墓地保存会」生る

田端の大龍寺を辞したわたしは、その足で青山の外人墓地に「浄世夫彦之墓」を、二十一年ぶりにたずねた。正面には、上に英文で、その下に「浄世夫彦之墓」とこう刻まれている。

SACRED TO THE MEMORY

OF

JOSEPH HECO

WHO DIED DEC 12TH 1897

AGED 61 YEARS

浄世夫彦之墓

左側に碑文四百十八字が一行三十字で十四行に書かれ、裏は「高智院法幢浄弁居士」、右側に「明治三十一年十二月建之　浜田鋠子」と刻まれている。碑文は松本洵《ひとし》氏によれば、鋠子夫人の弟である松本さんの父ー銀三郎氏が書いたという。

浄世夫彦ハ元名ヲ浜田彦蔵ト云フ。天保七年播磨国農家ニ生ル。嘉永三年漂流ノ難ニ遭ヒ米圀《(ママ)》ニ到ル。翌年軍艦ニ乗セラレ香港ニ到ルモ時来ラズ。故ニ立志シテ米圀華聖頓《ワシントン》ニ往キ、大統領ニ接スル三回。千八百五十四年学ヲ初ム。同年十一月ジヨセフヒコ之名ヲ得、千八百五十七年海軍書記官ヲ命ゼラレ、帰化シテ合衆圀民トナル。千八百五十八年日本開港成ルト聞キ、同年六月十七日長崎ニ入艦、同三十日神奈川ニ投錨《とうびょう》ス。安政六年六月米圀旗神奈川ニ建テ、領事ト共ニ開国ノ為メニ労ヲ取ル事四年、又米国《(ママ)》ニ往ク。復《かえつ》テ千八百六十四年七月十六日馬関海峡丘陵ヨリ乱射スル六砲台三軍船ヲ沈黙セシム。元治二年六月海外新聞ト名付ケ日本新聞ヲ発行シタル開祖也。后チ長崎ニ到リ元勲等ト会合交議上、二年間長州代理ヲ為《な》シ、開国ノ為メ東西ニ奔走ス。明治四年八月、時ノ大蔵卿ニ属シ銀行規ヲ編纂セリ。官ヲ辞シ仮名書新聞ヲ発行ス。亦商業ヲ起シテ神奈川ニ間散シ、製茶直《じき》輸出ノ為メ神戸港ニ住ス。明治廿一年東京小石川ニ新築シテ住居ス。明治三十年十二月十二日齢六十二遂ニ寂。（句点およびフリガナ著者）

碑文の誤り

ところが、この碑文は、どうしたことか誤りが多い。ヒコは自伝に天保八年（一八三七）生れと書き、そう信じ、一生を終えた。それを天保七年生れというのは、どうであろうか。十三歳のとき漂流したというのは、数えでいえば十五歳のときである。そうすると天保七年生れでないと計算があわない、というような、一年のうち誕生日の前後で十二歳と、十三歳のときがある満年齢の数え方を詳しくせぬ誤りと思われる。従って死去の年も満六十歳、数え年六十一歳となる。

アメリカに帰化した一八五八年を五七年に、帰国した一八五九年を五八年に、下関海峡激戦の一八六三年を六四年に、明治五年の銀行規編纂を四年にするなど、事実を一年早く、あるいは一年おそくし、『海外新聞』発行もヒコが元治元年と書いているのを二年とし、カトリック受洗のことに触れていない。徳川幕府の鎖国禁教後、日本人として最初の受洗者であるというようなことを書けば、「高智院法憧浄弁居士」の法名に都合が悪いというようなことから、故意にはぶかれたのであろうか。けれども、もし、そうなら、これは誤りとはいえないにしても、この歴史的事実に触れないことはミスといえよう。

『仮名書新聞』のこと

『仮名書新聞』のことは、石井研堂氏の『明治事物起原』増補改訂版にも『東京かなかき新聞』として、「第一号は明治六年一月十一日発行」と紹介、「本紙の表紙は、太枠ありて、藤づるや藤花のからまれる図案にて、何となくアメリカ彦造《（ママ）》の新聞に似たり、著者は、この新聞を彦蔵《（ママ）》の未亡人銀子方にて一見したるが、銀子いふ、銀座の煉瓦街創開の時の技師ウオードルスは、木挽町精養軒の向ふに住み居り、其構内広かりし為め、彦蔵その構内に住み居りしことあり、かな新聞は、そこにて発行せしものなり、編輯の方は、他人を雇ひてやらせ、彦造《（ママ）》は金主なり、損失ばかりなれば、遂に廃刊せり」と書いている。

石井さんは、鋹子さんから聞いたという。この碑文も、おそらく鋹子未亡人の談によったのであろう。が、鋹子さんがヒコと結婚したのは、ヒコの神戸時代であって、この新聞の発行されたころは、鋹子未亡人はまだヒコを知らなかった。

明治六年一月十一日発刊のころ、ヒコは何をしていたかがここで問題となる。明治五年八月にヒコは上京、井上大蔵卿代理渋沢栄一のもとでシャンドとともに銀行規則などをつくり、明治七年に大蔵省を退職している。ヒコの性格として、政府に雇われながら『仮名書新聞』を出すようなことはしそうにない。遺族もそのことをよく知っていたためであろうか、碑文も「官ヲ辞シ仮名書新聞ヲ発行ス」と、特に「官ヲ辞シ」とことわっている。ところが、少なくとも「官ヲ辞シ」て発行は、年代的にあわない。官を辞したのは明治七年であって、『仮名書新聞』は明治六年創刊である。

金主の意味

鋹子さんは石井さんに「編輯の方は他人を雇ひてやらせ、彦造は金主なり」と語ったという。精神的援助のほか、時に金を援助したこともあったのを、鋹子さんが事情を詳しく知らず、「金主」として、終始、ヒコが金を出していたように感違いして話したことから、こういう碑文になったのではなかったろうか。

表紙の違い

事実、表紙はヒコの『海外新聞』に似せている。が、よく見ると、単に似せているに過ぎない。富士山の絵は題字の左右に入れかえられており、下の舟の絵も、左右が逆になっている。周囲の藤づるの真似方もまずい。「編輯の方は他人を雇ひてやらせ、彦造は金主なり」という鋹子夫人の談は、どう考えても飛躍があるようである。

そういうことを思って、墓のまわりを、しげしげと眺めていると、一人の洋服を着た年配の男が、「あなたはこの墓のゆかりの人ですか」と尋ね、「無縁さんの墓は、整理される運命になっている」と、ヒコの墓が無縁仏として整理の運命にあることを告げた。

のち、この人は近くの石屋さんで、かつて青山霊園管理事務所に勤めたこともあり、事情にも少し通じた人であることがわかった。が、そのときは全く驚いた。わが国の新聞の父の墓が、無縁仏として整理されるなどとは、もってのほかだと思った。

早速、日本新聞協会を訪ね、編集部長－江尻進氏に「新聞の父ヒコに全日本の新聞が感謝の誠をささげ、無縁仏にせず、全日本の新聞界の名で祭祀するよう」努力を望んだ。

「ヒコの墓を救おう」

江尻さんは、その夜帰阪するわたしを追って、古川洋一新聞協会報記者を派遣して談話取材させ、昭和三十一年二月六日号の『新聞協会報』に、「ヒコの墓を救おう、このままでは整理の運命と、新聞研究家の間に運動」の記事を報道、わたしの談話も掲載した。

日本新聞協会々長は、そのころ朝日新聞会長の村山長挙《ながたか》氏であった。で、帰阪したわたしは朝日新聞社主—上野精一氏を訪ね、上野さんから村山会長に話してもらうようお願いした。上野さんは、その後「ヒコの墓地のことは、この前上京の節、村山・信夫《しのぶ》（韓一郎）・永井（大三）の三君に協会へ取次いでもらうよう話しておきました。お手紙のように進行しないようなれば、もう一度お話します」との書簡をわたしに寄せたように、非常に関心を示された。

阿閇村議会の議決

ところが、『朝日新聞（大阪）』播州版が、『新聞協会報』の記事をもとにして、六日後の十二日付け紙面に、「守ろうジョセフ＝ヒコの墓」というトップ記事を載せ、ヒコの生れ故郷、そのころの阿閇《あえ》村役場に働きかけ、中作関治村長の「阿閇村の蓮花寺にでも引取ったらと思っている」という談話を報道、議会は青山のヒコの墓を引取る議決を行った。

加古川カトリック教会の動き

ところが、阿閇村を教区にもつ加古川市のカトリック教会の人々は、徳川幕府の鎖国禁教後、日本人として最初のカトリックの洗礼を受けたヒコの墓を、仏教の寺に引取らせることは、信仰上の大きな問題だと考えた。バン＝ボーベン司祭の「バチカン公使館に連絡して何とかしたい」という談話が『朝日新聞』播州版に、おっかけて報道された。東京のカトリック中央協議会ブェルウィルゲン神父は、青山霊園管理事務所を訪ね、加古川のカトリック教会へヒコの墓を移したいと申し出た。

在るがままの姿で伝えたい

わたしの願いは、明治から大正・昭和と、現代に伝わったヒコの墓を、在るがままの姿で次代に残したいというのである。ヒコは新聞の父として、およそ新聞を読むほどの全日本人に感謝されてよい人である。日本新聞協会が、全日本の新聞界の代表者として、わが国の新聞の父ヒコに感謝の誠を捧げる意味で、ヒコの墓を守ってこそ、意義があると思ったのである。

が、新聞協会からは、何の返事もない。たびたびのわたしの願望の書簡にもナシのツブテである。その間に阿閇村は村長と議長が村議会の議決を持って上京、阿閇村の蓮花寺へヒコの墓を移したいと申し出で、カトリック教会は、バチカンにも働きかけ、是が非でも、加古川カトリック教会へ移そうと躍起である。どちらにしても、青山の墓を他に移すことになる。これではいけないと思った。

そこで、松本洵氏に「ヒコの墓を建てた鉦子夫人のオイとして、鉦子の実家―松本家の当主として、ヒコの墓の祭祀をしたい」と申し出てもらった。

この松本さんの申し出を知ったカトリック中央協議会総務次長ブェルウィルゲン神父から、松本さんあてに「ヨゼフ(ママ)彦氏は帰化され米国人であるとともに熱心なカトリック信者なので、米大使館も関心を持たれておるお方なので、差出がましきことのようなれども、この条御諒承の上御拝顔の栄を得たく」との書簡が寄せられ、わたしにもすぐ報告があった。

新聞界の感謝の誠を

新聞協会は、なかなか動いてくれない。ヒコの墓を無縁さんにしないための年二―三百円の金なら、わたしにだって出せる。が、それでは意味がない。新聞の父ヒコに、わが国の新聞界が感謝の誠を捧げる形にしてこそ意義があると思ったのに、新聞協会は、とうとう一度も返事をくれない。

ヒコ墓地保存会

そこで、わたしは、わたしの勤めている大阪読売新聞社の編集局長―栗山利男氏に、読売基金で「ジョセフ＝ヒコ墓地保存会」をつくり、ヒコの墓の祭祀と管理をするよう頼んだ。栗山さんは「それはいいことだ」と即座に快諾、大阪読売新聞社のわたしの名で「浄世夫彦之墓管理ならびに祭祀の基金寄託願書」を東京都知事あてにして青山霊園に提出した。「かつての読売新聞社長―本野盛亨《もりゆき》は長崎時代のヒコを世話したことがあり、ヒコの生れ育った故郷播州を管下に持つ大阪読売新聞社は、業として新聞に従うものとして、新聞の父に当然の責務を果したい」と述べた。

加古川カトリック教会のバン＝ボーベン司祭も、阿閇村当局も、読売基金により、青山のヒコの墓を、現状のまま祭祀・管理することに賛成の承諾書を書いて下さった。こうして読売基金による「ジョセフ・ヒコ墓地保存会」は、昭和三十一年五月十六日に生れた。「ヒコの墓を守る、読売基金で保存会が発足」という記事が、『読売新聞（大阪）』に、わたしの署名記事として載ったのは、翌五月十七日であった。東京

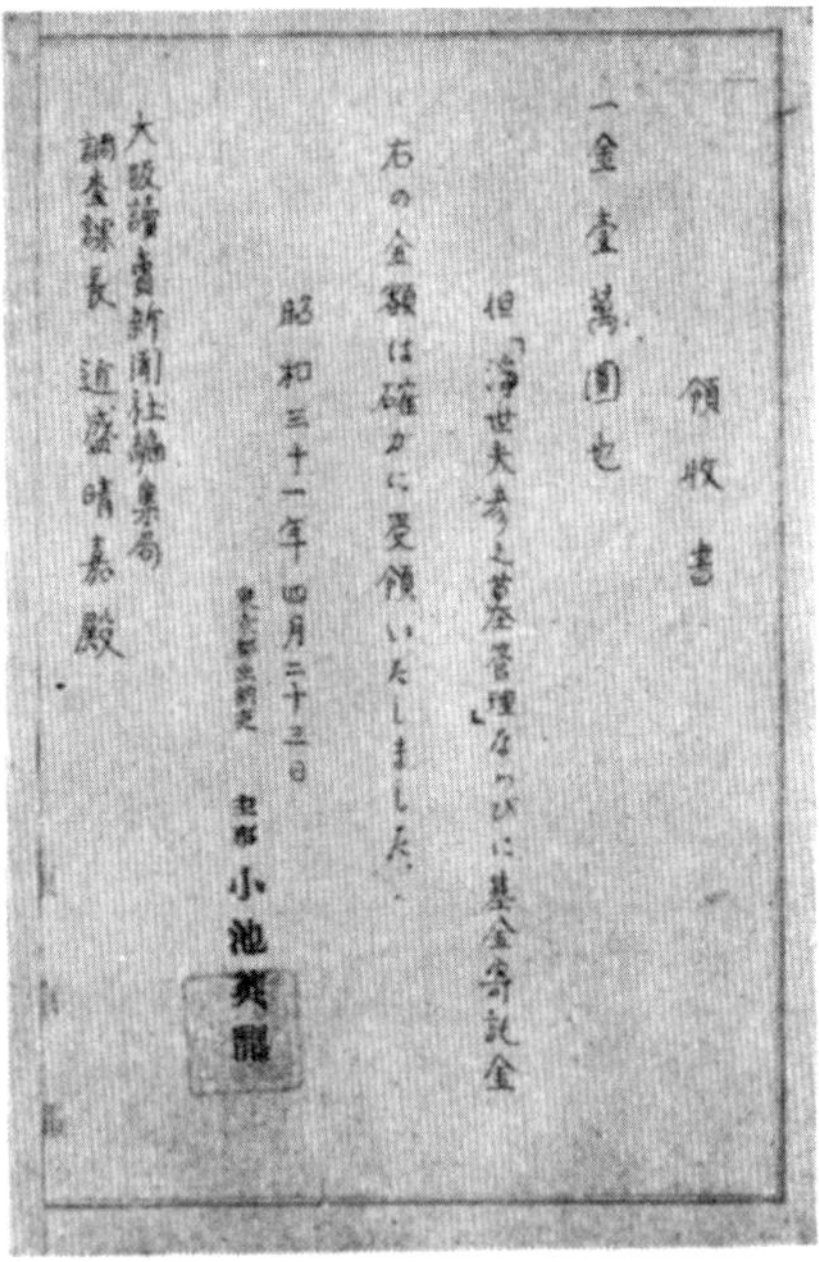
領收書
一金壱萬圓也
但「浄世夫彦之墓管理ならびに基金寄託金」
右の金額は確かに受領いたしました。
昭和三十一年四月二十二日
小池
大阪読売新聞社編集局
調査課長 近藤晴嘉殿

ヒコ墓地保存会の基金寄託領収書

の『読売新聞』でも十八日の社会面「いずみ」欄で報道、英文『よみうりジャパン＝ニュース』は、二十二日に「新聞の父ヒコ」の題で紹介した。

日本新聞学会が名古屋の中部日本新聞社でひらかれたのは、昭和三十一年五月二十五日であった。「ジョセフ＝ヒコ研究」の題で報告することになったわたしは、ヒコ墓地保存会が発足し、「浄世夫彦之墓」が永久に守られるようになったことを述べた。小野秀雄会長が、わたしの報告に質問に立ったあと、「ヒコに関することは、今後、資料はすべてあなたに提供するから、更に研究をすすめていただきたい」と、全会員の前で話されたことは、この日の感激であった。

墓前に報告

その夜、わたしは上京、二十八日に「ヒコ墓地保存会」の発足をヒコの墓前に報告した。こうして、「浄世夫彦之墓」に、供花《ぐか》のたえる心配はなくなった。

銀子夫人の遺骨を青山に改葬

わたしがこのとき上京したのは、ヒコの墓を守ることができた今日、墓標もなく田端の大龍寺に眠っているヒコ夫人銀子さんの遺骨を、ヒコの墓に合祀したいという念願を実現したいと思ったからであった。馬場キミさんは「伯母の遺骨が青山のご主人のそばへ行くことができるようになったら、どんなに仏様も喜ばれることでしょう。こんなに嬉しいことはございません」と、大変に喜んでくれた。そして、名古屋に出発する直前、京都のわたしのところに「テラノユルシエタ、オイデマツ」の電報がとどいていたのである。

ヒコ墓地保存会の会員は、むろん全員が賛成した。わたしは翌二十九日、東京都北区役所に鋹子夫人の改葬許可を受けに行った。係の人も、わたしの「ヒコ関係アルバム」を興深げにながめ、田端の大龍寺から青山に改葬することを、ヒコ墓地保存会のわたしの名で許可してくれた。

翌三十日、大龍寺の野口正道師の納経のあと、鋹子夫人の遺骨は、青山の夫―ヒコの墓に改葬された。保存会員である青山霊園管理事務所長―嘉悦一郎氏・東京都政史料館長―手塚龍麿氏はじめ、鋹子夫人ゆかりの馬場キミさん・馬場秀雄氏・鳥海八重子さんらも参列、小雨そぼふる中を、遺骨は読売社旗はためく車で、わたしの隣に坐った松本洵《ひとし》氏にいだかれて、田端から青山に向った。

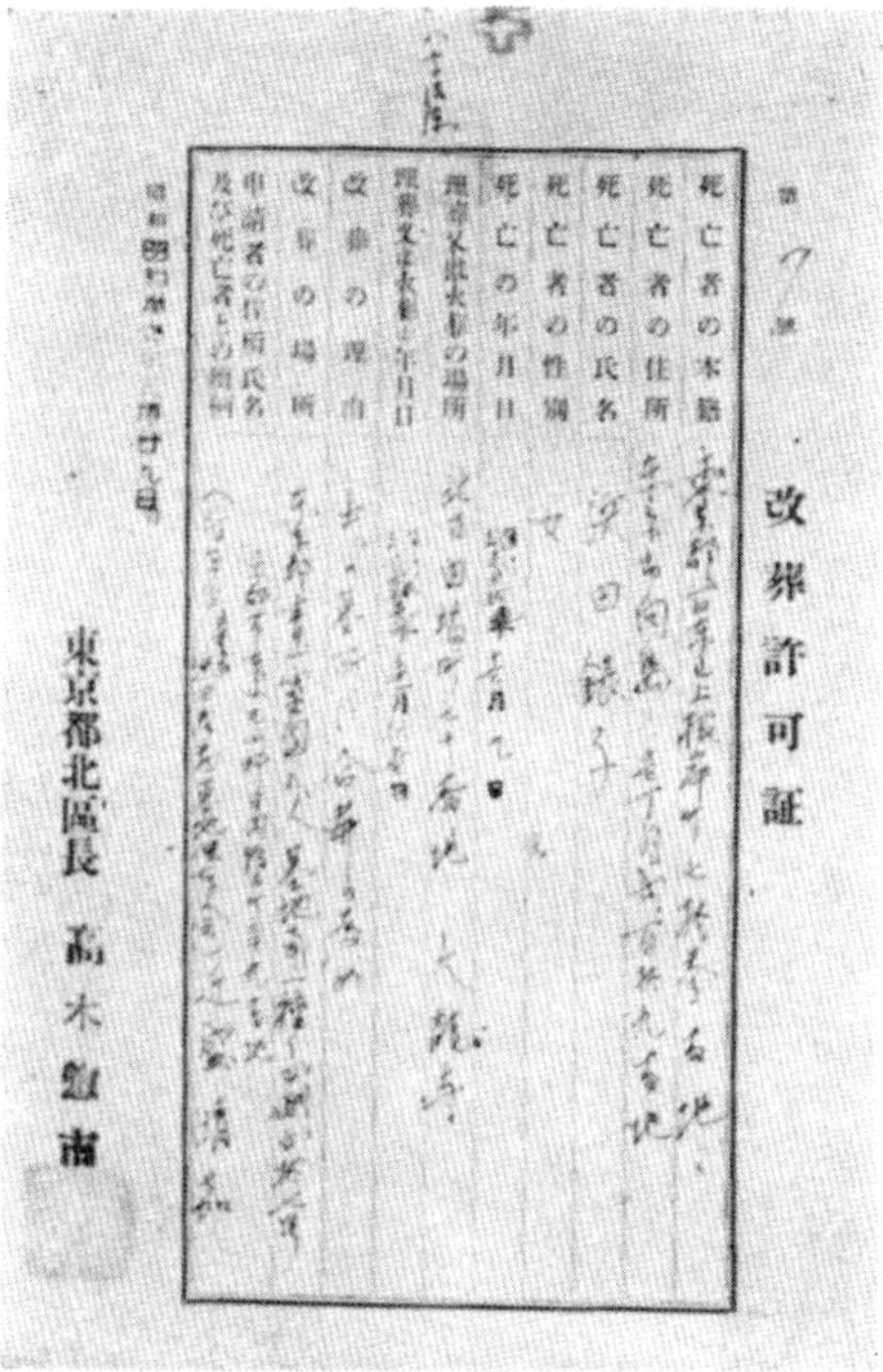
第 7 號
改葬許可証
死亡者の本籍
死亡者の住所
死亡者の氏名
死亡者の性別
死亡の年月日
埋葬又は火葬の場所
埋葬又は火葬の年月日
改葬の理由
改葬の場所
申請者の住所氏名及び死亡者との續柄
東京都北區長

鋹子夫人の改葬許可証

六十年ぶりに夫妻そのところを一にする

ヒコ没後六十年を経て、夫妻の遺骨は、はじめてそのところを一にした。大龍寺の野口住職は、帰阪したわたしに「さぞ仏様がお喜びのことでしょう」との書簡を寄せた。

墓前祭

第一回の墓前祭は、この昭和三十一年のヒコ忌十二月十二日に行った。ヒコの故郷阿閇村助役－井上俊一氏、東京大学新聞研究所助教授－内川芳美氏も参列、第二回からは、ヒコと親交のあったウォルシュの孫－山口智恵子さんが「去年、新聞で見て知りました」とかけつけ、第三回には神奈川新聞会長－樋口宅三郎氏、日本新聞資料協会々長－西垣武一氏の姿も見えた。

この昭和三十三年の墓前祭は、NTV報道部長－磯田勇氏の厚意で、ニュースにおさめ、大阪の読売テレビなどネット局を通して実況を報道、東西の『読売新聞』の記事とあいまって、全国の人々に「新聞の父ヒコの墓前祭」が広く知らされた。

ヒコの故郷－阿閇村がヒコ顕彰碑を除幕した昭和三十五年十二月、NHKテレビと日本テレビは除幕式や墓前祭の実況を放送、昭和三十九年の「日本の新聞百年感謝奉告祭」も、日本テレビとフジテレビが放送した。

一七　ヒコと新聞

ヒコが新聞を見た最初

新聞の父ヒコが、新聞を見た最初は、漂流してサンフランシスコに着いたとき、船長が水先案内から紙束を受取り、船長室で読みふけっているのを見たときである。もちろん、そのときヒコは、この紙束が〝ニュース〟ペーパーであることは知らなかった。

新聞記事にヒコが関係した最初もサンフランシスコであった。アモイから再び渡米したヒコは、そこで一人の日本人に会った。英語を知らないその新潟の重太郎のため、ヒコは彼が新潟から函館に行き、津軽海峡で遭難した漂流物語を通訳した。これがサンフランシスコの新聞に載ったと自伝に書いている。

ヒコのことを報道した『イブニング＝スター』紙

ヒコ在米時代の、ヒコのことを報道した新聞をわたしはさがした。そして、米国国会図書館東洋部長オサム＝シミズ氏の厚意で、一八五七年十一月三日付けワシントン『イブニング＝スター』紙の複写を昭和三十七年六月に入手した。

この『イブニング＝スター』紙の複写は、一ページが横三十三センチ、縦五十センチのケイでかこまれている。左右は六欄にわけられ、一欄が五・五センチである。もう一欄あると、天地・左右とも、現代のわが国の新聞とほとんど同じ大きさとなる。従って、原物コピーしたものと思われる。

一八五七年十一月といえば、ヒコはそのころグイン上院議員に伴われてワシントンを訪ねていた。グイン氏は、アメリカ政府がヒコを官吏に採用し、日米修好に活用するよう運動していた。『ヒコ自伝』は、そのときのことを「わたしがワシントンに着いてから一週間たって、グイン氏はサンダース氏からグイン氏におくった手紙を新聞で世に公《おおやけ》にした。その手紙はわたしの来歴をくわしく書いていたから、この手紙が一度、新聞に載せられると、物好きな都会の人々は、あるいは晩餐会に、あるいは夜会に、わたしを一日でも早く見たいと思って招待し、わたしはワシントンの流行児となった」と書いている。

「興味ある人物」

『イブニング＝スター』紙の記事は、この『ヒコ自伝』が真実であったことを証明してくれた。題字横の二欄目の最上段に一行で「ワシントン＝ニュース＝アンド＝ゴシップ」とあり、二行目に「興味ある人物」An Interesting Person の見出しがついて、珍らしい日本人ヒコを紹介した百八十行の記事がつづいている。

記事に書かれているサンダース氏のグイン氏あて書簡には、ヒコが日本人であり、漂流してアメリカの船に救われて着米、ボルチモアで学校教育を受け、キリスト教を信奉していると述べている。そのころの人々に、まことに「興味ある人物」であったであろう。

さらにサンダース氏は、ヒコを「彼はわたしの知るかぎりにおいて、比類なく誠実にして、真心ある少年で、非行というようなものは、如何なる点でも全くない。気だてはまことに忠実・率直である」といっている。かつて自らピヤース大統領に紹介し、ピヤースの言葉に従ってヒコを学校に入れ教育したサンダース氏は、心からそう思っていたであろう。ヒコも事実そのとおりであったであろう。

『ヒコ自伝』には、新聞人の友ウォレス Wallace 氏も登場する（一巻二八七ページ）。新聞記事にされ、新聞人の友も持ったヒコが、新聞に関心を持つようになったのも自然であろう。

ヒコは帰国の途、ハワイで検事総長ベーツ Bates 氏、新聞記者デンマン Denman 氏の来訪を受けたと自伝（一巻一七六ページ）に書いている。ヒコもインタビューを受けたのであろうか。そしてハワイの米国領事館で、日本のことを報道したニュースを、数種の新聞からさがし出し、日米通商条約の結ばれたことを知った、と自伝に書いている。在米九年、ヒコの新聞を読む目のこえていたことが想像される。

米国の新聞

アメリカには、英国の植民地時代から新聞があった。ヒコがアメリカに着いた一八五一年ころは、独立戦争をへて、新聞の勃興期であった。ニューヨークのトリビューン Tribune は、ヒコの着米二年前一八四九年に、アメリカ最初の株式組織として資本金十万ドル、全従業員・職工にいたるまで株主とする新例をひらいていた。ヒコ着米の一八五一年九月には、いまの『ニューヨーク＝タイムス』が、『ニューヨーク＝デーリー＝タイムス』の名で創刊されていた。

ヒコがサンダース氏につれられて初めて東部を訪れた一八五三年の三月、ニューヨークの『ジャーナル＝オブ＝コマース』Journal of Commers は、横五十八インチ、縦三十五インチという現在の新聞の倍以上の大型新聞を発行、「世界最大の日刊新聞」と号していた。今に変らぬアメリカ新聞界の「世界一競争」は、紙幅の拡大を争っていた。

ヒコが第三回の渡米をしたころ、折から南北戦争のときでもあり、人々は新聞を注目した。『ヒコ自伝』は、ニューヨーク港についたとき、「水先人はいろいろな新聞を腕にあまるほど抱きかかえて船に乗ってきた。それを見ると、戦争の状況はどうなっているだろうと、戦況を知りたい船客は、その新聞の奪いあいを始めた」と書いている。そしてポトマック河畔の戦況など、そのときのニュースを紹介している。そのとき、ヒコもまた新聞を奪いあった人の一人であったろう。

遣米使節を詳しく報道

南北戦争当時の『ヘラルド』Heraldは、すでに十数万の発行部数を持ち、世界第一の大新聞といわれていた。ペルリ来日(一八五三)ころの『ヘラルド』は、大統領フィルモアの政策を支持していた。そのため、一般の人々があまり興味を持たない日本遠征について、たえず詳細に報道、読者の関心をたかめた。万延元年(一八六〇)幕府の使節—新見《しんみ》豊前守ら一行が、日米条約批准のため渡米したときは、一々、詳細なスケッチ画を記事につけて報道、日々、その異なった風俗・行動を詳しく報道した。その新聞はわが国にも送られ、幕府にも渡されて、使節一行の詳細な記録が今日まで伝えられている。

そのとき、アメリカからとどけられた新聞を幕府にとりつぐ役目に、当然、ヒコも関係したであろう。在米時代のヒコ、日本に帰ってからのヒコが、当時のこれらの著名な新聞を読み、新聞への関心を深めたであろうことは、いうまでもないであろう。

米国の土産に新聞紙

現に、アメリカから初めて帰国したとき、故郷から横浜に訪ねてきた義兄に、ヒコは土産として、自分の在米時代の写真と、アメリカの貨幣と、アメリカの新聞を贈っている。新聞への関心の深さを物語っている。

ヒコとともに漂流したヒコの故郷―播磨町の清太郎の子孫―本庄家に伝わっている、ヒコからもらったらしい新聞も、ヒコの愛読紙であったであろう。毎号七十余の写真木版を入れ、ニューヨーク最初の絵画新聞として知られるレスリーの

『フランク＝レスリー＝イラストレーテッド』Frank Leslies Illustrated News Paper、ニューヨークで絵入り家庭叢書の出版に成功したハーパースの『ハーパース＝ウイクリー』Harper's Weekly a Journal of Civilization、ロンドンの、いまなおわが国にも読者を持つ『イラストレーテッド＝ロンドン＝ニュース』Illustrated London News などは、そのころの代表紙であった。

『海外新聞』のニュース＝ソース

ヒコの『海外新聞』のニュース＝ソースは、これらのアメリカやヨーロッパの新聞であった。「ニューヨークの新聞紙に」とか、イギリスの「イカノイイストといへる新聞誌曰《（ママ）》く」というような文字が、『海外新聞』の記事にも見られる。これらの新聞をヒコが読み、それを日本語で話したのを、岸田吟香と本間清雄が日本文につづって発行したのであった。

『ヒコ自伝』には、「横浜新聞によれば」とか、「メール新聞に左の記事があり」といった文字がしばしば出てくる。そのころ横浜で発行されていた英字紙を指している。わが国の英字紙は、ヒコが三度目の渡米をする直前、文久元年六月に長崎ではじめて発刊され、ヒコが南北戦争中のアメリカから帰国したとき、すでに横浜でも発行されていた。

そのころの長崎・横浜にいた外人は、僅かであった。その僅かな在留外人を相手に、英字紙が発行されていたことは、時代が新聞というものを必要とする社会に進んでいたことを物語っている。そのとき、新聞勃興期のアメリカで成人したヒコが、日本文字の、日本人に読ます、わが国最初の新聞『海外新聞』を発刊したのである。

一八　『海外新聞』以前

新聞の始まり

「新聞の始まりは、地上に記した人間の足跡にある」といった人がある。砂上の人の足跡を読むと、そこを歩いた人々は、どこからきて、どこへ行ったかがわかるだけでなく、足跡の靴か草履かで、男か女かもわかり、靴とハイヒールの二人連れだと、そこに一篇のロマンスも想像される。人間あり、そこに新聞紙ありといわれるゆえんである。

『古事記』『日本書紀』に新しいことを記すとき「神集《つど》ひに集ひ」「神謀《はか》りに謀り」とある。ニュースを求め、分配することから、世論をつくり出してくる新聞紙的なことは、昔の人も考えたことがわかる。「新聞」と「紙」との関連をはなれ、社会の心的交通機関としての新聞を考えるとき、新聞の発生は、人間生活の最古の時代にめばえたことがわかる。

新井白石は、オランダの新聞のことを知っていた。正徳五年(一七一五)に著わした『西洋紀聞』中巻、ソイデ＝アメリカ諸国(南米)のバラシリアの部に、「按ずるに、秘府にエウロパのクラントあり。ヲランド人、此国人と戦ひ、勝ちし事を、しるせし見ゆ。其注する所に拠るに、エイズスの教、此地方にも行はれし也」と書いており、「クラントは、エウロパの俗に、凡そ事ある時は、其事を図注し、鏤板《ろうはん》して世に行ふもの也」と註している。クラントは、オランダ語の“de Courant”で、新聞紙のことである。

『和蘭風説書』

三代将軍家光が鎖国政策をとってから、日本と通商したのは、オランダと中国の二国だけとなった。長崎出島の和蘭商館主カピティン＝ヤンヨウスは、唯一の白人通商国として、毎年一回、長崎に新船の入港ごとにもたらされた世界の情勢を、文書で幕府に奉呈した。これを『和蘭風説書《ふうせつがき》』といい、ただ一つの海外事情の通信であった。

『和蘭風説書』は、オランダの新聞を材料としたものであった。そして、これは老中かぎりの秘密であった。封建時代、「民はよらしむべし、知らしむべからず」で、ニュースはすべて独占された。インドへの英仏の進出、アメリカの独立なども、一年またはそれ以上たって、ユックリと、呑気な報道を、ノンビリした文体で、ジャバから長崎・江戸へ伝達された。幕府はこの世界の動きを概括的に知って、国防とか、鎖国政策の擁護に資する参考にした。

黒船の来航

ペルリの黒船が嘉永六年(一八五三)来航してから、海外の事情を知る必要が痛感され、諸藩の希望で、それまで秘密であった『和蘭風説書』の伝写が許されるようになった。幕府は開国が世界の現状から見て、やむをえないものであることを知らすため、蕃書調所《ばんしょしらべどころ》でこの『和蘭風説書』を印刷発行する計画をたてた。ところが、安政元年(一八五四)神奈川条約で開国となり、オランダは条約諸国の思惑《おもわく》を心して『和蘭風説書』の奉呈をやめた。そこで、この計画は実現できなくなった。

『ヤバッシェ=クーラント』

オランダは、風説書の代りに、バタビヤ政庁の機関紙『ヤバッシェ=クーラント』を献上することにした。幕府はこれを翻訳・手記して要路者に回覧した。が、内外の情勢は、いよいよ海外知識の必要を痛感させた。開国か、鎖国かの、日本の立場をきめる政治的態度の根本には、客観的な世界情勢の認識が必要となった。幕府は、開国政策を具体的に発展させるため、海外事情を知らせ、世界の大勢を明らかにして、国論を開国に統一させるため、この『ヤバッシェ＝クーラント』の抄訳を木版活字で印刷発行、多くの人に読ます計画をすすめた。

長崎に英字紙生れる

ところが、このとき長崎で在留外人による英字新聞が一足はやく発刊された。一八六一年（文久元年）六月二十二日創刊の『ナガサキ＝シッピング＝リスト＝エンド＝アドバータイザア』The Nagasaki Shipping List and Advertiser がそれである。

これは貿易商の英人ハンサード A. W. Hansard が、長崎居留地で毎週水・土の二回、四ページと二ページを交互に発行。幅十三センチ、縦十八・六センチの五欄に、船便による海外ニュース、定期船の出入り、為替相場、同国人の消息、雑貨の広告などを掲載、自家の貿易と、長崎居住外人の便宜をはかった。

ハンサードは、日本にくる前、ニュージーランドで『サァウザーン＝クロッス』Southern Cross という新聞を発行した経験を持ち、印刷設備も持っていた。そして二十八号で長崎を打切り、横浜に移って『ジャパン＝ヘラルド』The Japan Herald と改題、その年の十一月二十三日から週一回土曜夕刻発行に改めた。

長崎から江戸に近い横浜に移ったハンサードは、英人ブラック John Reddie Black を主筆に迎え成功した。ブラックは、のち邦字紙『日新真事誌』を発行、『ヤング＝ジャパン』の著者としても知られている。

横浜の外人の動静を注意深く見守っていた幕府の役人や、洋学者が、この『ヘラルド』に無頓着であったとは思えない。そうして、開港場横浜は、また英字紙の最大市場でもあったから、競争紙も現われた。

英人の資本を代表した『ヘラルド』にたいして、アメリカ人の利益を守る『ジャパン＝エキスプレス』Japan Express が米人ショイヤー Rafhael Schoyer によって翌文久二年春に創刊された。ショイヤーはユダヤ系の米人雑貨商で、夫人は画家だった。写真術の下岡連杖《れんじょう》はこの夫人から油絵を習い、ショイヤーから写真術を学んだ。ショイヤーは、横浜の写真を初めて撮った人として、わが国の写真術の恩人ともいわれている。

さらに翌文久三年（一八六三）五月には、マカオ生れのポルトガル人ローザ F. Da. Roza が英字紙『ジャパン＝コンマーシャル＝ニュース』The Japan Commercial News を発刊、毎水曜日の朝発行した。ローザはのちブラックを説いて邦字紙『日新真事誌』発行を決意させたといわれるほど新聞好きで、また、ブラックの社説を、ローザが日本文に翻訳したといわれるほど日本語も上手であった。それだけにローザの新聞は日本関係への関心が深かったのであろうか、幕末に会訳社同人が翻訳回覧した外字紙のなかで、特にローザの『コンマーシャル』が一番多い。

英字日刊紙誕生

従来の独壇場を荒されたハンサードの『ヘラルド』は、文久三年十月二十六日から『デーリー＝ジャパン＝ヘラルド』という広告本位ながら日刊の新聞を、毎朝、付録として発行、読者獲得につとめた。当時の横浜の在留外人は、慶応年間に五百人くらいであったから、各紙はせいぜい二百から三百部程度であったろう。わが国に日刊紙が生れたのは明治三年である。たとえ広告ばかりの感があるとはいえ、日刊英字紙の付録が出ていたことは、当時の横浜在留外人の積極的進歩性を裏づけるものといってよいであろう。

しかしながら、日本人の間には、京阪や江戸で読売瓦版が、かろうじてニュースを時々報道する程度で、定期刊行の新聞はまだ生れなかった。幕府は『ヤバッシェ＝クーラント』の翻訳を、限られた人々が回覧していた。柳河春三らの蕃書調所は、文久二年に洋書調所と改称され、教授の洋学者は『和蘭風説書』印刷のため準備した木版活字を用い、この『ヤバッシェ＝クーラント』を翻訳・印刷することにした。

『官板バタビヤ新聞』

こうして文久二年一月、『官板バタヒヤ新聞』と題して発行、万屋《よろずや》兵四郎に売りひろめさせた。長崎の英字紙発行におくれること半年後であった。「新聞」と名のつく、わが国最初のものであった。

新聞と名のつく最初の刊行物

しかしながら、これは日本の新聞とは申せない。日本で編集したものでないから、翻訳した人は日本にいても、つくった人は日本にはいない。「巻二十一」の「諸国雑誌」に、「日本にては、別に潜《かわ》りたる風説を聞かず」とある。バタビヤで発行したオランダ政庁の機関紙を、ただそのままに機械的に抄訳したものに過ぎないことがわかる。新聞と名のつく最初の刊行物ではあっても、わが国最初の新聞と申せないゆえんがそこにある。

第二回は翌二月、第三回は『海外新聞』と改題して八月、第四回は九月に発行された。一―二月とつづき、飛んで八―九月とまたつづいている。これはジャバから送られてきたとき翻訳発行したことを物語り、そのジャバから送られてくるのが定期的でなく、従って定期刊行物でなかったことを証明している。継続して発行する意思は認められるけれども、定期性は認められない。

別集も発行

『官板バタヒヤ新聞』は、さらにニューヨークの新聞からアメリカの南北戦争の記事を訳して『官板海外新聞別集』上下二巻、バタビヤ・アムステルダム・ロッテルダム発行の蘭字紙に載った遣欧使節－竹内下野守一行の記事を訳し、同中巻として発行した。「別集」は「号外」の意味であった。

「文久新聞」

洋書調所の教授は、また英米の新教の牧師が中南支で布教のため発行した漢文の雑誌などから、国禁のキリスト教関係の記事全部を省略、原文に句読点をつけ、『官板中外新報』『官板六合叢談』『官板香港新聞』『官板中外襍誌《ざつし》』『遐《か》邇《じ》貫《かん》珍《ちん》』と題して発行した。これらはみな文久年間に発行されたので、総称して「文久新聞」といわれている。が、いずれも翻訳であり、啓蒙的出版物ではあったが、外国でつくられた新聞雑誌の翻訳であって、わが国の新聞とは申せない。

外字紙を筆写で回覧

井伊大老横死ののち、尊皇攘夷党が勢いをのばし、洋書調所の翻訳・翻刻新聞は発行できなくなった。が、幸いに横浜の外人が英字紙を出していたので、洋書調所を改称した開成所の柳河春三らは会訳社をつくり、横浜の『ジャパン＝コンマーシャル＝ニュース』を『横浜新聞』と題して文久三年に翻訳・筆写回覧した。『横浜新聞紙』『日本貿易新聞』『日本交易新聞』『日本貿易別段新聞』『横浜貿易新聞』などの名で、慶応元年五―六月ころまでに百冊以上を翻訳した。

『コンマーシャル』が慶応元年に廃刊して『ジャパン＝タイムズ』が発刊されると、『日本新聞』と題して訳し、『ヘラルド』は『日本新聞外篇』と称して翻訳・回覧した。いずれも半紙数葉の仮綴で、それまでの翻訳翻刻新聞と異なって、諸外国の事情を列記するというのでなく、わが国に関係ある重要事項だけを選んで翻訳、内外の多事多端なときの要望にこたえる心構えを示している。

会訳社規則

会訳社の規則に「新出の新聞紙は社中各名皆貸借を渇望《かつぼう》す。ゆえに貸借の限《かぎり》一日一夜と定む。若し之を犯し、返却延引する時は罰金を出さしむ。但し、一―二ケ月過たる古き分は非二此例一」とある。広く、多くの人々に読まれたことがわかる。

外字紙で国内事情を知る

多事多端の幕末、横浜の外字紙によって、外人は日本の国情を知り、日本人もまた外字紙によって国内の事情と、外国の事情を知った。江戸の幕府にとっては、外字紙を通じて、京都の動きを見る必要もあったであろう。そのころの日本国内は割拠、交通は不便きわまった。日本の新聞・雑誌はないから、流言蜚語《ひご》・道聴《どうちょう》塗説《とせつ》にまどわされた。わずかに外字紙によって、識者がニュースの欲望を満たされるのみであった。

しかし、当時のことであるから、直接、自分でこれらの外字紙を読める人は、ごく少なかった。翻訳による以外に方法はなかった。このとき、開国論者の要求に応じて、当時の治外法権区域である横浜を舞台に、海外知識の普及と、国内ニュースの邦字紙『海外新聞』が、ジョセフ＝ヒコによって発刊されたのである。

一九　『海外新聞』以後

本由《もとよし》は新聞売つて飯を食ひ

江戸時代のこの川柳は、新聞の興る機運が幕末社会にみなぎっていたことを物語っている。

「新聞」とはニュースの意味

今日、われわれが「その新聞をとってくれ」「新聞を電車へ忘れてきた」というのは、「新聞紙」を指している。「新聞」と「新聞紙」は、日常の会話では全く同じ意味に用いられている。が、幕末・明治の初めころ「新聞」といったのは、ニュースの意味であり、「新聞」と「新聞紙」は区別して用いられた。

福沢諭吉は慶応三年、渡英中の福沢英之助におくった書簡で、「イタリーの新聞被二仰越一、忝《かたじけなく》奉レ存候。此後も新聞は御心掛一々被二仰下一候様頼入候。外国の新聞を得るは金を得るより貴し。実に相待ち居申候」と書き、慶応四年創刊の『中外新聞』は、第一号の巻頭に「新聞は多々益々善し。四方の君子希《ねがわ》くは之を寄贈して以て欠漏を補ひ玉ふべし」と述べている。これらの「新聞」は、みなニュースの意味であった。明治十年ころになっても、「本日京都より面白い新聞を手にしました」というような書出しの雑報は、よくあった。従って、『海外新聞』は「海外のニュース」という意味であり、『官板バタヒヤ新聞』は、バタビヤからとどいたニュースと解されていたと見るべきであろう。

『万国新聞紙』

ヒコの『海外新聞』について現われたのは、慶応三年正月、横浜の英国領事館付宣教師ベーリー Buckworth M. Bailey が出した『万国新聞紙』であった。同年十月、英人スカート（斯加亜登）がロンドンの新聞から普《ふ》墺《おう》戦争の記事などを訳載した『倫敦《ロンドン》新聞紙』を、同じ横浜で発刊。翌慶応四年、英人ウイセヒ編、大阪ハルトリー Hartley 店出板の『各国新聞紙』が創刊された。これらの新聞が、いずれも治外法権のもと、在留外人によって始められたことは、幕末のそのころとして、自然のなりゆきであった。

『中外新聞』

やがて、攘夷論と開国論の対立は、慶応四年二月、柳河春三の『中外新聞』発刊を機に『日々新聞』『江湖新聞』『遠近新聞』『もしほ草』などの佐幕新聞が、数ヵ月の間に続々と江戸・横浜に誕生し、尊皇派は『中外新聞』と同じ慶応四年二月、新政府の官報『太政官日誌』をはじめ、大阪の『各国新聞紙』『内外新聞』、京都の『都鄙新聞』などを出した。

日刊新聞は明治三年の『横浜毎日新聞』に始まり、明治五年には東京に『東京日日新聞』『日新真事誌』『郵便報知新聞』が発刊され、現存するわが国最古の新聞『読売新聞』は明治七年の創刊である。『朝日新聞』は明治十二年発刊、『毎日新聞』は明治十五年の『日本立憲政党新聞』から号数を計算している。世界に誇るわが国の新聞文化の源にさかのぼるとき、わが国最初の新聞であったヒコの『海外新聞』の意義は大きい。

二〇　『海外新聞』

『ヒコ自伝』は、『海外新聞』について、二ヵ所で短くふれている。

元治元年六月に発刊

第一は一八六四年（元治元年）六月二十八日のところで、「この月、わたしは外国新聞の抜粋をのせた日本語木版新聞を発行し、〝海外新聞〟と名づけた。日本語で印刷発行した新聞の開祖であった。わたしが長崎に転住するまでおよそ二年間継続した」といっている。

定期購読者は二人

第二は、同じ元治元年八月二十日のところで、「この年、わたしを訪ねて外国のニュースを聞きたいというものがたくさんあり、殊に神奈川の官吏が多かったので、わたしは前に述べたように、〝海外新聞〟を発刊して、郵船の来るごとに外国の新聞を翻訳し、かつ輸出入品の相場を掲載して日本人の利益をはかった。しかし、奇怪なことには、日本の公衆は新聞を読むことを好むのに反して、前金を払い、あるいは購読するものは少なかった。当時の政府と法律のためだろうと思う。そこで、わたしはそのほとんどを、かれらの利便をはかって、無料で提供した。ただ、定期に購読したのは、肥後のショウムラという武士と、九州柳川のナカムラという藩士の二人だけであった」と書いている。

国別に編集

『海外新聞』は、二つ折りの半紙四-五枚をむぞうさに、かんぜよりで仮つづりし、表紙は神奈川港に富士の遠見を配したものであった。ヒコが海外のニュースを口述し、本間潜蔵と岸田吟香が文章に筆記した。記事は国別に載せられ、各国貿易の状況と相場、南北戦争の戦況など、各国ニュースを分類編集し、「アメリカ史略」「世界開闢《かいびゃく》のあらまし」と題した読みもの、在日外人の広告などが載っている。国別編集法は『和蘭風説書』の原書となったオランダの新聞も、『官板バタヒヤ新聞』の原書となった『ヤバッシェ＝クーラント』も、いずれも国別に編集しており、わが国には中世ヨーロッパの新聞編集法がそのまま真似てとりいれられていた馴染《なじみ》の編集法であった。

記事は、外国の大臣・官吏は老中・奉行など、当時の幕府の官制にあてはめ、上下両院を上の評定所、下の評定所と訳し、上の評定所は老中の集まるところ、下の評定所は大名で訴えのあるものの集まるところなどと、苦心の説明を加えている。読ます新聞・読みやすい新聞への努力のあとが見られる。

読みやすい新聞へ努力

また、「日本出来の茶は下りて少し売買あり」とか、生糸は「今よりは逐々に下値にならんと云見込なり」など、日本商品の外国貿易における、そのときの状況と相場や経済情報を伝えている。米国領事館通訳をやめて貿易商館をひらいたヒコの、実際の体験から出た経済記事の必要さを、すぐ、この『海外新聞』の紙面に反映させたのであろう。わが国最初の新聞に広告が載ったことは、わが国の新聞史からも、注目していいであろう。

海外ニュースの尊重は世界共通

どこの国でも、初期の古い新聞は、普通のニュースには見出しがなく、一つの記事のあとに○をつけ、すぐ次の記事をつづけている。相当のニュースが、一列一体に押しこまれている。当時は、どんなニュースも珍しく、すべてが特種であり、同時に、読むものも、みな残らず読んだからでもあろう。

ヒコは『海外新聞』の最後で、「右のごとく各国の新聞誌《（ママ）》を日本のことはになほし出す趣意は、各国の珍ら敷噺《はなし》をも知り且物の価の相場高下をも弁《わきま》へ知れば、貿易の為に弁利《べんり》多きを思ひてなり」といっている。

近代的新聞のできた当初は、どこの国でも、外国のニュースがもっとも主要な材料として珍重された。イギリスでもっとも古い新聞といわれる『ウイクリー＝ニュース』は、略称であって、その実名は『イタリー＝ゲルマニア＝ハンガリー＝ボヘミア＝パラチン領＝フランスおよび低地諸国からの週報』Weekly News from Italy, Germanie, Hungaria, Bohemia, The Palatinate, France and the Low Countries という長々しいものであった。海外ニュースにたいする読者の要求の大きさを示している。

アメリカの植民地時代には、ニュースといえば、ロンドンからの便りを意味していた。ロンドンから移入された新聞から「新しいことがらについての報告」と思われる記事を切抜いて、そのまま編集することが新聞であると考えられていたといってよいほど、ロンドンのニュースで埋められている。

アメリカ最古の週刊紙『ボストン＝ニュース＝レター』Boston News Letter は、一七〇四年四月八日に創刊された。その創刊号の記事の大部分は、当時ロンドンで発行されていた『フライング＝ポスト』Flying Post と官報『ロンドン＝ガゼット』London Gazette の、前年十二月の分からの切抜きで、他には町の雑報など二―三件あるだけである。そのころ、欧州との定期航路は、早くて三十日、おそければ五十日かかった。一七二一年一月の社告に、「もし、この冬の間、本紙の発行されない場合は、来春になって、船が着いてから発行されるものとご承知下さい」とある。ニュースの中心である欧州の便りがつかないときは、新聞は休刊するというのである。しかも、誰も、これを不思議に思わなかった。

幕末人のニュースへの関心

それと同じく、開国・攘夷の論のかまびすしいとき、幕末の人々のぜひ知りたいと思ったのは、外国のニュース・知識であった。海外のことといえば、なんでも耳新しく、有難がられた。海外のことなら、キリスト教以外のことであれば、何を書いても問題にされなかった。国内のことは、将軍の上洛とか、長州征伐といったような大事件でも、人のうわさ、風のたよりででも大体を知ることができる。が、いくら知りたいと思っても、知る方法のないのは、海外のニュースであった。わが国最初の新聞が『海外新聞』と題したゆえんもそこにあった。

そうして、「物の価の相場高下」を知ることが、ヒコのいうように「貿易の為に弁利多き」ことは、今日でも同じである。

定期性と速報性

ヒコはまた言葉をつづけて、「英国の飛脚舟は一月に二度づつは此港に来るものなれば、便りある度毎に速に出板す」といっている。定期性を重んじ、新聞の速報性に深い関心を示している。

また、「尤も速なるを専一にすることなれば検板《けんぱん》の暇もなき故誤謬のみ多して通じ難からん」と、ニュースの速報と、正確な真実の報道のむつかしさを、正直に告白している。

そして、更に「且夫《それ》に童子の輩も読なんことを欲すれば、文書の雅俗は問はずして唯元書の大意を撮《つまみ》とりて話の如くなせしもの故、読者幸に元書に就て論ずる事なかれ」と、読みやすい新聞・読まれる新聞にと努力した。福沢諭吉は明治七年に発行した『民間雑誌』について、「当社の新聞紙は価も田舎のために廉《れん》にし、文字も田舎のために便にして、全く田舎を相手にして、田舎のために発行するものなりといへども、その所記の論旨は必ずしも田舎のみに通用するに非ず。田舎向きの新聞、あるいは以て都会の看客に適するものあらん」といっている。「童子の輩も読なんことを欲す」の言は、「文字も田舎のために便」にした福沢精神に先行した。

広告も載る

最後に、「又今よりしては横浜在留の夷人より出す引札等をも訳して添可ㇾ申候」と、広告も、次号への関心をつなぐことも忘れなかった。

ヒコは、この跋文にひきつづいて、こうも記している。「今般万国の新聞紙を訳し出しぬ。之に附するに横浜新聞と引札と又おもしろき海外の歴史少しを訳し出す。其続は尚逐々に出すべし。尤も西洋飛脚船の毎月両度ツヽ持来ることなれば其都度々々に出す。若し見むと要する諸君子ハ横浜百四十一番を問ひ給へ。遠く帰りし諸君子は書中に御姓名と御住所をしるしておくりたまへ。早速郵便にて呈すべし。価は左の通定《さだめ》ぬ。壱部買は五百文。前銭にて一年仕切候、金壱両二百匁」と。

文字を読む人は、知識階級に限られていた幕末のそのころ、多数の読者を求めることは難事であったろう。一部五百文、一年の購読料一両二百匁ということは、当時の物価から考えるとき、かなり高かったであろう。が、それにしても、「定期に購読したのは肥後のショウムラという武士と、九州柳川のナカムラという藩士の二人だけであった」とは、ヒコの苦心が察しられる。

『日新真事誌』の読者拡張

明治五年、邦字新聞『日新真事誌』を創刊したブラックは、その読者拡張に苦心した思い出を、『ヤング〃ジャパン』に、こう書いている。――勧誘にはいった商家の主人は、「外国のことなど書いてあって、たいへんおもしろかった」とほめた。が、さて読者になってほしいと頼むと、「なに、ここに一部あれば、それでたくさんですよ」と、簡単にかたずけ、毎日発行するのだと説明しても、「毎日。同じものを買っても、しかたがない」と答え、どうしても購読を承知してくれなかった、というのである。ブラックのこの時よりも十年も前の、新聞創世紀のヒコの苦心がしみじみと思いやられる。

同時に、ヒコのいう「時代の影響」も大きかったであろう。井伊大老横死ののち、尊皇攘夷党が次第に勢力をのばし、幕府の開国主義が衰えて、志士は横行、外人や外国関係のもの一切に迫害を加えた歴史上の事実が、背景にあったことを考えなければならない。読みたいけれど、金を払って購読すると、攘夷党に殺されないだろうかと、心配した人も少なくなかったであろう。

号数はつけてない

『海外新聞』には、すべて号数がつけられていない。が、各冊通し丁数となっている。そのころのアメリカや欧州の新聞もそうなっている。これらの外国の新聞をそのまま真似たものと思われる。現にヒコから贈られたと思われるヒコの故郷播磨町の本庄家に伝っている『ザ＝イラストレーテッド＝ロンドン＝ニュース』の一八五九年十二月三日付け五三九ページは、ベルリンのシルレル祭の実況図であって、「五二七ページを見よ」see Page 527 と書かれている。また、一八六〇年十月二十日付け『フランク＝レスリーズ＝イラストレーテッド＝ニュースペーパー』三四七ページは、リンカーンが共和党から大統領に立候補したときの「リンカーン像」の説明に、「三四五ページを見よ」と記している。これらは、その一号だけで三百ページ・五百ページとあったのではない。通しのページだてであったことがわかる。すなわち、ヒコの『海外新聞』は、これら欧米先進国の新聞がそのころ行っていたことを真似たことを証明している。

また、『海外新聞』は、どの号も、開巻第一に、まず何月何日入港の飛脚船によって得たニュースであることを記している。だから、この各冊通し丁数と、日付けをあわせると、各冊の順番をたやすく決めることができる。石井研堂著『明治事物起原』は、木版になってからの『海外新聞』の推定号数を、左のようにまとめている。

推定号数	入船月日（日本暦）	丁数	前号との間隔日数	各冊通し丁数
第壱号	丑年三月十三日	一〜五	―	

第弐号	三月廿六日	六〜十一	十三日
第参号	四月十二日	十二〜十七	十六日
第肆(四)号	四月廿八日	十八〜二十二	十六日
第伍(五)号	五月十一日	二十三〜廿六	十三日
第陸(六)号	五月廿六日	二十七〜三十一	十五日
第質(七)号	閏五月十日	三十二〜三十四	十四日
第捌(八)号	閏五月廿六日	三十五〜三十七	十六日
第玖(九)号	六月十五日	三十八〜四〇	二十日
第拾号	七月十四日	一〜五	三十日
第拾壱号			
	第拾号中に含み号数明記さる		
第拾弐号			

第拾参号	十月九日	筆写	
第拾肆号	十月廿八日	筆写	十九日
第拾伍号	十一月六日	筆写	八日
第拾陸号	十一月廿一日	筆写	十五日
第拾質号	十二月十二日	筆写	二十日
第拾捌号	寅年四月十七日	六十〜六十五(ママ)	五ケ月余
第拾玖号	五月五日	六十七(ママ)〜七十二	十八日
第弐拾号	五月廿七日	七十三〜七十六	二十二日
第弐拾壱号	六月廿二日	七十七〜七十九	二十五日
第弐拾弐号	七月五日	八〇〜八十四	十三日
第弐拾参号	七月廿日	八十五〜九〇	十五日
第弐拾肆号	八月廿五日	九十一〜九十四	三十五日

石井さんは、「第十三号—第十七号の五冊は、浜田氏の蔵本も亦筆写にて未だ刻本を見ざれば、丁数は暫く欠如しておく。だが、五冊を合せて、十四丁なるべきは明かなり」と注している。

十号から再び一ではじまる

この丁数で注目しなければならないことは、第十号が、再び一からはじまっていることである。すなわち、六月末が一つの区切りとなっている。これは『海外新聞』の歴史を見る場合に、非常に重要なことである。『海外新聞』の誕生日の論争に、見逃すことのできない大事なものを含んでいる。

慶応発刊説

現存する木版『海外新聞』第一号は、「元治二丑《うし》年三月十三日イギリス飛脚船此港に入りしを以て左の新聞を得たり」と書かれている。しかし、ヒコは「元治元年六月」に創刊したと自伝に書いている。元治元年創刊なら、元治二年のことを書いているのはおかしい。これは元治二年創刊を元年と書きあやまったにちがいない、と、元治二年創刊説が生れた。周知のように、元治二年四月八日に慶応と改元されたから、元治二年発刊説は慶応発刊説といわれている。が、『海外新聞』がたとえ慶応元年に発刊されたとしても、その次の新聞は慶応三年の『万国新聞紙』であるから、『海外新聞』がわが国最初の新聞であることに変りはない。けれども、わが国の新聞誕生日がハッキリしないことは、問題であった。

誕生日論争

ここに、『海外新聞』の丁数が六月を境にして勘定の区切りをつけていることを念頭において、『海外新聞』の誕生日をめぐる論争をふりかえってみよう。

二一　通説となった慶応発刊説

吟香の『新聞実歴談』

岸田吟香の『新聞実歴談』は、ヒコの『海外新聞』の唯一の文献として知られている。石井研堂氏の『増補改訂・明治事物起原』によれば、吟香はこう語っている。

予が〔新聞誌〕（ママ）を発行したるは元治元年にして、之を刊行せんと企てたるは、曽て横浜に在てドクトル＝ヘボン氏と共に〔和英対訳辞書〕を編纂する時、ジョセフ＝彦といふ者と相往来したる時にあり。

この米人ジョセフ＝彦は、播州の彦蔵といへる漁師にて、十一歳の時米国に漂流し、米国の教育を受けし人なり。嘉永六年ペルリの通弁を兼ねて来朝し、幕府は、彦蔵の為めに、横浜に洋館を建てゝこゝに住はせたり。当時、予はヘボン氏の家に在り、始めて彦蔵に逢ひ、それより屢《しばしば》往来して外国の事情を質問し、又英語をも習ひたり。其ころ遠州掛川の人にて、本間潜蔵といふ者、亦英語を修むる為めに横浜に在り、彦蔵と相往来せり。一日彦蔵予等に語つて曰く、米国には新聞紙といふ者あり、専ら世間の珍しき事及び日々の出来事を書き集め、之を世間に公布するなりと。予も曽て新聞の有益を信じ居たるが、其刊行の方法等を知らざりしに、彦蔵の勧めにより、愈《いよいよ》之を刊行せんと思ひ立ち、即ち彦蔵は西洋新聞を翻訳し、予と本間氏とは、之を平かな交りの日本文に綴りたり。されど其頃は、活字等は一切無ければ、予等自ら版下を書きて木版に起し、半紙五―六枚にて、単に〔新聞紙《ママ》〕と名づけ、月に三、四回づゝ刊行して、自ら之を横浜市中に配達したり。これ元治元甲子《かっし》の年にして、実に吾が日本帝国に於ける、新聞雑誌の元祖といふべし。併し是より前に、新聞紙無きに非ず。〔バタビヤ新聞〕などいふ外国新聞の翻訳は有しも、これは少しも我国の事体を記したるものなければ、日本新聞紙の始とすべからざるは勿論なり。予の〔新聞誌《ママ》〕は、毎号僅に百部内外を販売したるが二―三ケ月にして廃刊せり。当時は新聞紙に対する政府の取締法も無かりしかば、書物発刊と同じく、其の刊行の都度、学問所に届け出て、許可を受けたり。それより一年を経て、慶応二年寅《とら》の四月に、予は支那に赴けり。これ脱稿したる辞書印刷の為めなり。

石井さんは、『幕末明治新聞全集』のヒコの『海外新聞』解題でも、この吟香の『新聞実歴談』を引用し、こういっている。

岸田氏の記憶違ひか、筆記者の誤記かは知れないが、この談話には少からぬ疑問がある。岸田氏は、単に〔新聞紙《ママ》〕と名づけたといふて居るが、今日まで、未だ、その名の新聞を見た人が無く、ヒコの新聞は〔海外新聞〕に相違ないこと、その遺族に伝つた現物を見ても、また疑ふ余地が無い。唯こゝに一点不可解の事は、遺族本間《ママ》氏の蔵本も、予の蔵本も、筆写で補つた分の表紙には、たゞ〔新聞誌《ママ》〕と書いてある。斯《こ》う筆写のものに限つて〔新聞誌〕とあるを見れば、単に当時流行の普通名詞を題したのだとばかり見るも変で、岸田氏の言ふた題名も、何か根拠があるのかも知れない。現存のものゝ印刷した表紙には、何《いず》れも正に〔海外新聞〕と題してある。

吟香の「新聞誌」といった言葉に、最初に疑問を投じたのは、小野秀雄先生が大正十一年に出した『日本新聞発達史』であった。小野先生は、吟香が「新聞誌」といったのは、『海外新聞』のことを間違えたのである、とこう述べた。

在来の新聞史は大抵岸田吟香の談話によつて書かれたものが多く、元治元年五月岸田・ヒコ・本間の三人で「新聞紙《（ママ）》」と称するものを発行したことになつてゐるが、朝野新聞掲載の岸田の談と、国民新聞掲載の談とを比較すれば、岸田が元治元年と慶応元年を混同してゐる事が明瞭で、明治元年に発行された「新聞紙番附」にはヒコソウ（ヒコの別名にて日本名を彦蔵と云つた）の海外新聞とあつて、新聞紙《（ママ）》なるものは無い。『もしほ草』の序文にヒコソウの新聞誌とあるが、これは普通名詞で用ゐられたものと思へる。其他明治十五年迄に発行された書物又は新聞紙に「新聞紙」又は「新聞誌」と書いたものがある。当時発行された新聞紙は此海外新聞一つであるから、「新聞紙」と云つて社会に通用してゐたのを、固有名詞と間違へたのではあるまいか。

小野先生は、さらに大正十四年二月の雑誌『新旧時代』創刊号に「ヒコの『海外新聞』について」を書き、吟香が『海外新聞』のことを「新聞誌」と誤記した「推定は益々確実」になったと述べ、創刊は慶応元年五月、最終二十四号は慶応二年九月と推定した。

慶応説に反論

小野先生の慶応発刊説にたいし、高市慶雄氏は、『開国逸史アメリカ彦蔵自叙伝』の解題で、「創刊年月の訂正に就いてはなほ勘考の余地を存する様に思ふ」と述べながらも、「然し実物の上より見れば自叙伝の記述も大いに疑問があるのであつて、正しいデートの確定は今後の研究に俟《ま》たねばならぬ」と、今後の研究に期待した。

しかし、その後の研究にも新しい資料は発見されず、小野先生は、終戦後の昭和二十三年に出版した『日本新聞史』では、『ヒコ自伝』や吟香談のいう元治創刊には一字も触れず、慶応発刊のことだけを、こう述べた。

横浜在留の外人はまた邦文の新聞をも発行した。その最初のものは米国領事館通訳ジョセフ＝ヒコの発行にかかる「海外新聞」である。ヒコは播磨の水夫にて幼年の頃相模湾沖にて遭難し、米船に救はれ米人に養はれて米国の籍に入つた人である。当時海外に赴かんとする者は皆ヒコの指導を乞うたが、彼はこれ等に勧められて、英米の新聞より邦人の参考となる政治経済上の報道を抄訳して印刷発行したのである。ほぼ月一回づつ発行し、慶応元年五月より同二年九月まで継続した。その序文によると外国船が著く毎に発行することになつてゐる。

こうして、小野先生の慶応発刊説は、通説として一般に通るようになった。ついには、時事通信社が昭和三十七年に発刊した『三代言論人集』第一巻『岸田吟香』の執筆者―杉山栄氏は、ヒコの自伝も、吟香の『新聞実歴談』も、ともに誤りを犯しているといい、「わが国の新聞発達史や解説書にはこの過誤を踏襲したものが多い」と書くまでに至った。
百年前、実際に『海外新聞』を発刊したヒコと吟香の、二人の書き、語ったものを、百年後に、この二人とも誤りを犯していると断定しているのである。が、これは事実を正確に調査研究したものとは申せない。

二二　「岩男書簡」で元治創刊立証さる

ヒコの『海外新聞』が、最初は「新聞誌」と題されていたことは、幕末・明治の初めから明らかにされている。

ヒコサウの「新聞誌」

岸田吟香とウェン＝リードの『横浜新報―もしほ草』は、「慶応四年戊辰閏四月十一日」創刊第一編の冒頭で、ヒコの『海外新聞』が、はじめ「新聞誌」の名で発刊されたことをハッキリこう述べている。

曩《さき》にヒコサウの新聞誌《（ママ）》ありしが、かの人此地を去りしのちは、久しく其事絶《たえ》たりしに、去年正月我友人ベーリイ万国新聞紙を板行せしが、これも第十篇迄出板してやみぬ。余深くこのことをなげきておもへらく、新聞紙ははなはだ有益のものにて、今は世界中文明の国には、このものなき国はあらず。然《しかる》に日本にていまだこの事さかんに行はれざるゆえんは、蓋し新聞紙の世に益ある事をしるものすくなきと、これを篇集する人のみづから学者ぶりて、むづかしき支那文字まじりのわからぬ文を用ゐる事と、且は出板のおそくなりて、時おくれのめづらしからぬ評《こと》をかきのせることとによる成るべし。

「誌」と「紙」

『もしほ草』のこの創刊の辞で、「曩《さき》にヒコサウの新聞誌ありしが」の「誌」と、「新聞紙ははなはだ有益のものにて」とか、「蓋し新聞紙の世に益ある事をしるものすくなき」、また「余が此度の新聞紙は」というときの「新聞紙」の「紙」が使いわけられていることは注目しなければならない。

今日の表現で書けば、『もしほ草』の「創刊の辞」は、「曩にヒコサウの〝新聞誌〟ありしが」という意味であった。新聞紙の普通名詞でなく、固有名詞であることがわかる。

新聞創世紀のそのころ、「ニュースをしるしたもの」という意味で「新聞誌」と題したことは、百年後のわれわれにも、よく理解できる。ニュースをしるしたもの、という仮見出し的な題字から、海外のニュース、もしくは海外からもたらされたニュースという意味の『海外新聞』に発展したのであ

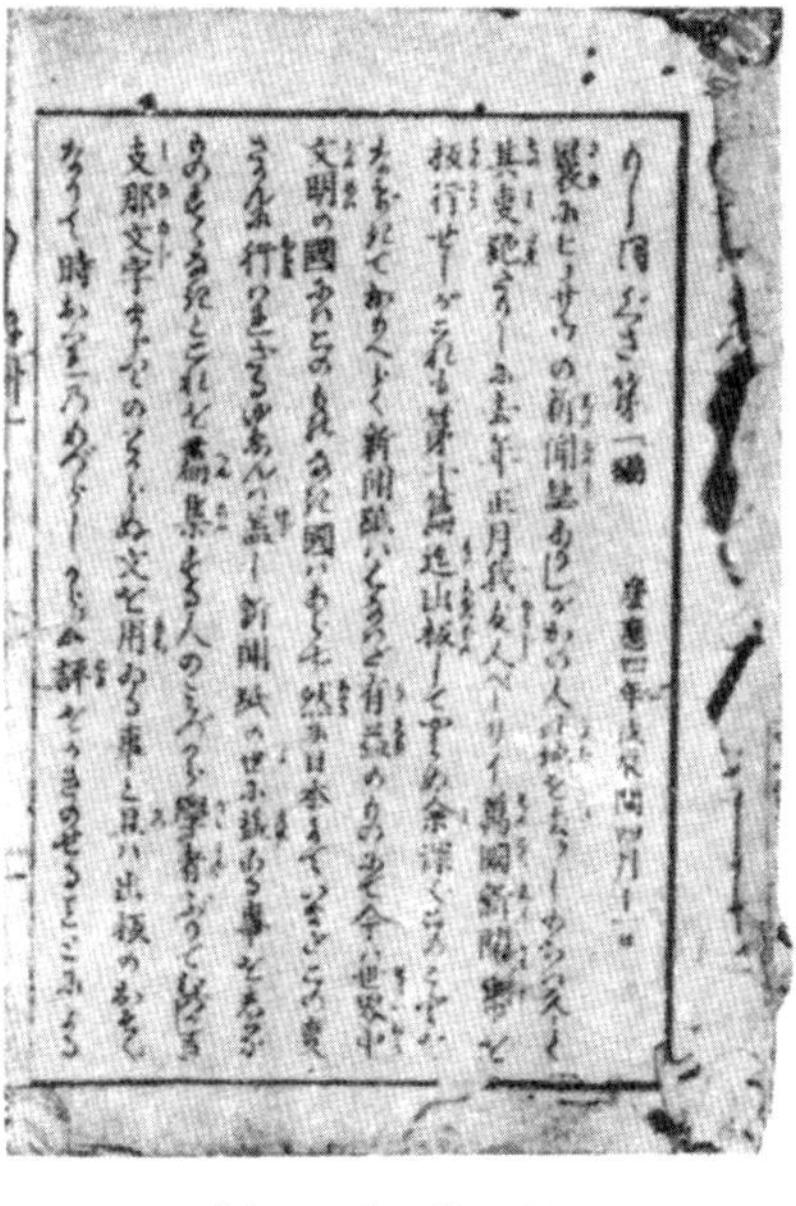

『もしほ草』第一編

ろう。

「新聞誌」は筆写

そうして、この「新聞誌」時代は木版でなく、筆写されていた。このことは明治十五年に出版されたわが国最初の新聞歴史書である小池洋二郎の『日本新聞歴史』に、『海外新聞』には「謄写」時代があり、そのころは単に「新聞誌」と題する小冊子であった。事実に元治元年に創刊されたわが国新聞紙の権輿《けんよ》——はじまりである、とこう書かれている。

> 新聞紙ノ我日本国ニ始リシハ、文久三年ノ秋江戸本所ノ一商估《こ》万屋四郎（マヽ）ナルモノガ発行セシバタビヤ新聞及ビ六合叢談ヲ以テ濫觴《らんしょう》トス。然リト雖モ、個《こ》ハ是レ和蘭新聞ノ翻訳ト支那新聞ヲ抜萃シタルモノニシテ、未ダ以テ純粋ノ日本ノ新聞紙ト謂《い》フヲ得ザリキ。後チ屈壮ノ売子等ガ、コレハ今度世ニメヅラシキ次第ト呼ビテ市街ニ揚言読売セシガ如キハ、稍《やや》新聞紙ノ嚆矢《こうし》ト云フベキモ、其記スル所ハ幕府役人ノ更迭・任免、及ビ暴風・大火・地震・洪水、

或ハ喧嘩・闘殴・復讐・切腹等ノ珍聞奇事ノミニ止マリ、而モ刊行定時ニアラザルヲ以テ、亦未ダ新聞紙ノ体裁ヲ具ヘタルモノト云フヲ得ザリシ也。後チ横浜埋地百四十二番館ニ於テ、遠州人本間潜蔵ト播州人アメリカ彦造及ビ岸田吟香等ガ、単ニ新聞紙ト題スル小冊子ヲ毎月三回宛発行ス。事実ニ元治元年四月ニ在リテ、之ヲ我国新聞紙ノ権輿トス。而シテ当時我国未ダ活字版ノ舶来アラザリシヲ以テ、日ニ人ヲ傭ウテ異事奇聞ヲ謄写セシメ、之ヲ看者ニ配布シテ以テ刊行ノ定期ヲ誤ラザリシガ故ニ、稍世人モ其有用ナル事ヲ知ルニ至レリ。

明治十五年発行の『日本新聞歴史』が、新聞の定期性を説いていることは、卓見というべきであろう。同時に、『海外新聞』に「謄写」時代のあったことをわれわれに教えてくれていることは、『海外新聞』の歴史を明らかにする上において、まことに貴重な文献といわなければならない。

『広辞苑』によれば、「謄写」は「書きうつすこと」とある。筆写することであり、いわゆる「手書新聞」ということになる。今日、謄写版は「ガリ版」ともいわれ、テッピツを用いている。が、明治・慶応の前の元治元年、『新聞誌』の発行されたそのころは、もちろん、テッピツなどは無かった。しかし、俗に「コンニャク版」といわれるものはあった。カンテンをといて、紙大の容器に平面にかたまらせた上に、紫インクで書いた原稿をはって原版をつくり、その上に紙をあてて、布でこすると、字がうつってくる。十枚前後の複写はできた。

また、フランク＝ケーリさんがわたしに語ったところによれば、明治維新前後のアメリカでも、どういうインクかわからないが、このインクで書いた厚紙の上に紙をあて、こすると、五―六枚は複写できたらしい。

が、アメリカ帰りのヒコではあっても、この方法をとったか、どうか疑問である。当時、わが国の人々は、写経といって、仏教の経典・お経を写したり、漢学

本間潜蔵の生家に『横浜新聞』現存

本間自筆

を学ぶ多くの人々は、『論語』『孝経』『孟子』などを筆写してこれを用いた。これらの実例と同じく、ヒコの『新聞誌』も、一枚一枚、手書されたようである。

このことは、ヒコの『新聞誌』発行に協力した本間潜蔵の生家である静岡県小笠郡小笠町石原の本間精さん宅を訪ねたとき、本間潜蔵が筆写した『横浜新聞』の現物を見て、肌で感じとることができた。

和綴の表紙に「横浜新聞」と題し、その下に「長州下之関戦争之事」と記されている。下関海峡の絵図二枚には、東西南北の矢印がちゃんとつけられている。本文の初めは、「千八百六十三年第七月二十九日神奈川横浜新聞」とあり、「余は合衆国蒸気船ワイヲミン乗組人たるイ＝ス＝ベンソンより此蒸気船進行の説を得たり」と書出されている。

これは、『明治幕末新聞全集』第一巻十八ページに載っている、会訳社の柳河春三らがそのころ横浜で発行されていた『ジャパン＝コンマーシャル＝ニュース』

を翻訳、『横浜新聞紙』と題して筆写回覧したものと同一である。筆写をさらに筆写している間に、多少の文字の違いは生じることもあったであろう。が、書き間違って消したあともないこの本間自筆の筆写新聞『横浜新聞』は、ヒコ・本間・吟香らが出した『新聞誌』のお手本であったであろうことは間違いないであろう。

百年後の今日なお本間の生家に残っているこの『横浜新聞』は、吟香も読んでいたであろう。だからこそ、吟香は『新聞実歴談』で、『新聞誌』発刊以前に、「予も曽て新聞の有益を信じ居たるが…」といったのであろう。わが国最初の新聞『新聞誌』が発刊される前に、「彦蔵予等に語つて曰く、米国には新聞紙といふ者あり、専ら世間の珍しき事及び日々の出来事を集め、之を世間に公布するなりと。予も曽て新聞の有益を信じ居たるが、其刊行の方法等を知らざりしに」という言葉が、自然に出たと思われる。

外国の手書新聞

ローマ時代にも、ドイツにも、ロンドン・パリにも手書新聞・書簡新聞時代はあった。これがわが国のヒコの『新聞誌』時代に行われたのである。世界の新聞史にあった事実が、わが国の新聞史の冒頭にも行われたのである。

「上野文庫」の『海外新聞』

京都大学の「上野文庫」には、上野精一氏寄贈の筆写本『海外新聞』が所蔵されている。また香川大学の神原甚造文庫も「横浜彦蔵訳本　海外新聞　乙丑八月発行　騎兵局」の表紙の筆写本を所蔵している。「木版・海外新聞」が発行されたあとでも、筆写の「海外新聞」があった事実を物語っている。木版の前に「謄写・新聞誌」時代があって不思議ではない。

政府記録に「旧名・新聞誌」と明示

『海外新聞』の前身が「新聞誌」と題したものであったことは、政府の公式記録にも載せられている。明治十九年九月に内務省総務局図書課が出した「図書課書目　新聞雑誌之部」の、『海外新聞』のところで「旧名・新聞誌」と、ハッキリ明示されているのがそれである。

新聞部　東京府

海外新聞　自慶応元年二月 至同　二年六月　自第一号 至第二十一号

旧名　新聞誌

神奈川県

海外新聞　自元治二年 至慶応二年　自第一号 至第二十一号

旧名　新聞誌

東京府と神奈川県の双方に記録されているのは、なぜだろうか。また、双方とも二十一号で終刊となっている。が、現存の木版『海外新聞』は『明治幕末新聞全集』にも二十四号まで採録されている。創刊の年の慶応元年と元治二年の違いは、元治二年四月八日に慶応と改元されたのであるから同年であり、これは「旧名・新聞誌」が『海外新聞』と改題された年と解していいであろう。いずれにしても、東京府の場合も、神奈川県の場合も、ともにハッキリと「旧名・新聞誌」

と記録されていることは、何といっても注目しなければならない。

『明治文化資料集成』新聞篇でこの「旧名・新聞誌」という文字を発見したわたしは、クギヅケさせられた。そして、昭和三十八年五月、上京したわたしは、すぐその足で東京大学を訪ね、明治新聞雑誌文庫の西田長寿氏に、この『内務省―図書課書目』の実物を念のため見せてもらった。文庫所蔵の原本二冊とも、間違なく「旧名・新聞誌」と記載されていた。

木版以外にも筆写の『海外新聞』

『幕末明治新聞全集』に収められている『海外新聞』が、ヒコの発行した『海外新聞』の全部であるならば、『海外新聞』はすべて木版で印刷されたということもできよう。しかしながら、岡野他家夫氏が『明治文化』の昭和五年新年号に発表した「ヒコの海外新聞その他」によれば、『幕末明治新聞全集』所収外にも『海外新聞』はあったらしい。しかも筆写であったという。岡野さんによれば、

海外新聞第一号　慶応二年丙寅九月

彦三新聞前編廿四号にて卒《おえ》、更に第一号
丙寅九月九日イギリス便船入港新聞
海外新聞第二号　ヒコゾー訳
慶応二丙寅年九月二十八日イギリス便船入港新聞書

の二号分を「南葵《なんき》文庫」で見たというのである。推定第一号から第二十四号で終ったと思っているところへ、「前編廿四号にて卒、更に第一号」があり、第二号もあった。この例のように、「推定第一号」の前にも、「旧名・新聞誌」時代があったのである。

ヒコ健在のときに明示

『日本新聞歴史』は明治十五年に発行され、『内務省－図書課書目』は明治十九年に「旧名・新聞誌」と明示している。いずれもヒコ健在のときである。しかも『ヒコ自伝』が世に出た明治二十八年より前である。もし、ウソであったら、ヒコは当然に訂正を申し出たであろう。ヒコ以外でも、抗議とか、もしくは何らかの反論が出たであろう。二十年ほど前のことであるから、事実を知っている人は、たとえ僅かであっても、まだ健在のときである。そういう人々がいることを前提として書かれたこの両書にたいして、訂正を申し込むなり、異論を発表したものが今日まで無いことは、『日本新聞歴史』や『内務省‐図書課書目』の書いていることが事実であったことを証してあまりがある。ウソ・いつわり・デッチアゲ・推定によるものでない。

「木版・新聞誌」が現存

更に「新聞誌」時代のあった現物が今日残っている。朝日新聞社が昭和十五年に行った「日本文化史展」に神原甚造氏の出品した『新聞誌』がそれである。これは「木版・海外新聞・第四号」と全く同一の「木版・新聞誌・第四号」である。石井研堂氏によれば、ヒコ未亡人の持っていた『海外新聞』も、筆写のものは「新聞誌」と表記されていたという。このとき、『海外新聞』第四号と全く同一のものの表紙だけ「新聞誌」と木版刷りされた表紙のつけられているものが残っていたのである。

表紙は本間の筆

東京神田の一誠堂から売りに出され、目録を郵送されたその朝、わたしは大阪からすぐ電話で申し込んだ。が、東京と大阪の地の利を利され、日本新聞資料協会々長－西垣武一氏が昨夜買ったと知らされた。のち、西垣氏から借りて写真に撮り、実物大に焼付け、愛蔵している。そして、本間精氏夫妻に見せたところ、この「新聞誌」という表紙の文字は、本間潜蔵の筆であることを教えられた。

『官板バタビヤ新聞』の第二回に発行されたものの表紙裏には、「官板新聞志」としるしたものと、「官板海外新聞」と書かれたものとがある。「志」と「誌」の言偏《ごんべん》の有無の違いはあっても、相通ずるものを感ぜさせられる。

いずれにしても、元治元年六月、ヒコ・吟香・本間らは『新聞誌』を発刊した。金を払って購読する人はほとんどない。ほとんど贈呈ばかりである。記事は一部づつ「謄写」――手書した。表紙だけは木版で「新聞誌」と刷ったものをたくさん準備していた。そして二―三ヵ月で休刊、翌慶応元年に、今度は題字も「海外新聞」と改め、表紙も富士山を遠見に配した神奈川港という凝ったものにして、本文は木版刷に改めた。が、売行は相変らず思わしくなく、今度もまたほとんど贈呈ばかりである。そして、手のこんだ『海外新聞』の表紙が品切のとき、「新聞誌」時代の表紙の残ったものを使うときもあった。それがたまたま、今日まで残り、「木版・新聞誌・第四号」となったのではなかったろうか。

八月休刊説

六月発刊、八月休刊説を裏づける根拠は、吟香が「二―三ケ月にして廃刊せり」といっているのに、現に『海外新聞』はその後も続刊されている事実から、「廃刊」でなく「休刊」であったことがわかる。そうして、吟香の「二―三ケ月にして廃刊」という言葉と符節を合わすように、『ヒコ自伝』が六月創刊のあと、八月に、前後に何の関係もないところで『海外新聞』の読者難を、ポツンと訴えていることが思い出される。

のち、ヒコの長崎転住で『海外新聞』は廃刊された。このことをヒコは、おおまかに『海外新聞』を元治元年に創刊、約二年間発行した、と記し、吟香は自分の関係した『新聞誌』時代だけを語った、というようなことがあったのではなかったであろうか。

『ヒコ自伝』は上巻三百四十六ページ、下巻二百五十四ページ、計六百ページの大冊である。そのうち『海外新聞』発刊のことは、僅かに八行、六十一文字に過ぎない。単に『海外新聞』発刊の事実を記録にとどめたという書方である。そういう場合には、『新聞誌』から『海外新聞』への題字の変更などに触れず、おおまかに『海外新聞』という表現に終る場合もありうる。

例えば、『毎日新聞（大阪）』の「創刊八十周年を迎えて」という社説がそれである。昭和三十七年二月一日のこの社説は、「きょう二月一日は大阪本社発行の毎日新聞にとって満八十年目の誕生日に当たる」を冒頭に、一行十九字詰、百二十二行、二千有余字を使って書かれている。しかしながら、『毎日新聞』は大阪に生れ、八十周年を迎えたとは書かれていても、明治十五年二月一日に創刊された『日本立憲政党新聞』が、明治十八年九月に『大阪日報』と改題、さらに明治二十一年十一月に『大阪毎日新聞』と名を改めたというような、題字の変ったことについての文字は、この二千有余字の社説のどこにも、一字も書かれていない。ただ、八十周年を迎えたことが何度も繰返されているだけである。

自伝は発行したということだけの記録

これをヒコの『海外新聞』に関する記述について考える場合、『海外新聞』の歴史・変遷を記録にとどめるというのでなく、ただ単にそういうものを出したことがあるということだけを書くとき、こういう表現もありうるといえよう。

『海外新聞』のことは、『もしほ草』発刊の辞が「曩《さき》にヒコサウの新聞誌ありしが」と書き、佐幕新聞『海陸新聞』第一編も、「わが朝にては近ごろ漂流人ヒコソウといふもの横浜にきたり、始めて新聞を刻してより世に広まり」と述べている。また、慶応四年の「新聞紙番附」は「ヒコサウ海外新聞」と載せている。『日本新聞歴史』が『海外新聞』に「謄写」時代のあったことを説明し、『内務省－図書課書目』は、このことを「旧名・新聞誌」と明示している。発行に協力した吟香の『新聞実歴談』も世に知られている。だから、わたしが、くどくどここで述べなくても、世人は知っている、と本人は思っていたのではなかったろうか。

『ビジネス＝サーキュラー』と『プライス＝カーレント』

ヒコは『海外新聞』を出す前に、新聞的なものを二つ出している。一つは『海外新聞』より二年前の文久二年（一八六二）十一月二十四日のところで述べている『事務月報』monthly business circular であり、もう一つは『プライス＝カーレント』Price Current である。

『事務月報』は英文

『事務月報』については、アメリカから帰って初めて出したものであること、遠方の友に送ったことを説明し、将軍が江戸近くの遊園で弓術を見たときの行列の簡略であったこと、将軍の上洛が発表されたこと、幕府や大名の購入した五隻の汽船の値段などが詳述されている。すぐ次が一月二十日に飛んで、ここでも「他の事務月報から抜萃すれば」と、人心不安の江戸の模様、大名がぞくぞく帰国、勅使が不意に江戸にきたことを記している。参勤交代の規則をゆるめ、江戸に必ず置かねばならなかった夫人や家族を伴って大名がぞくぞく藩地に帰ったことは、ビッグ＝ニュースであった。

　ヒコがcircularといっていることは、報状・引札の意味であろうか。再び米国の神奈川領事館通訳となって日本に帰ったヒコは、在米中にあった政府・民間人の対日関心の深さに打たれ、遠方の、おそらくこれら知友に、職務上知った情報、町のニュースを、領事館からの公式報告と異なったホットニュースとして、英文で知らせたのであろう。ヒコの新聞人としての素質のあったことを物語るとともに、『海外新聞』発行に貴い経験となったであろう。

『日本貿易新聞』の報道

　もう一つの『プライス＝カーレント』は、『日本貿易新聞』が「第百六号」で

「ブラインシコレント」の名で報道しているのがそれである。『日本貿易新聞』は「千八百六十五年五月十七日、我慶応元年四月二十四日神奈川開板」として、『プライス＝カーレント』のことだけを訳載して、こう書いている。

カルリール人名の国王に上《たてまつ》りし書に謂《い》へる事あり、曰、世に有益なる業をなす者は必褒賞を得、又正しき行ひをなす者は自然に其陽報を得べしと。按ずるに、此人蓋し有益の事業を成せりと雖も、沈淪して褒賞を得ざりしかば此書を上りしにや。在住人ジョーセフヒコは、甚だ人愛なる人物にして、按ずるに当時横浜に在る彦蔵の事なるべし。其著せる書は必褒賞を得べき者と云ふべし。彼れ世に益ある新聞紙を著さんが為めに、思を凝《こら》し人の知らざる所を探り、人の思はざる所を索《もと》め、終《つひ》に日本貿易に於て欠く可らざる物価ブラインシコレント新聞紙を二週毎に開版せり。其新聞紙に載る所、当時市中に所有の品物、其極《きま》り値段、或は時々変化ある値段、及び運上の表等は我輩の心覚えに書記したるよりは甚だ綿密なる事、其他章毎に有益なる事件を載せたる事、此新聞紙に超ゆる者なきは、我輩著す所の新聞紙にヒコの許を得て方今要用なるケ条を抜萃し書加へたるにても知るべし。斯くヒコ困苦して編輯なすを思ふに依て、彼非常の利を得し由を聞て我輩喜に堪へず、且世人我輩の著せる新聞紙を珍重する事を知る、是れ新聞紙を読めば其益甚大なるを以てなり。此の如く新聞紙の世に緊要なるに比すれば、我輩の社中甚だ僅少なり。然れども我社中は心を一にして世に補益あらん事に注意するのみ。彼のヒコの如く世に益ある業をなす者は、縦令《たとひ》褒賞なくともカルリールの如く憤懣《ふんまん》の語を吐かず、却て陶然《とうぜん》として自適するなるべし。然るときは是が為めに愈其栄を増して、後来利を得る事更に大なるべし。

　五月念七日訳成　　蘭　鑑三郎訳

カルリールはカーライル Thomas Carlyle のことであろう。四月二十四日「開板」のものの「訳成」が五月念七日とは、ちょっと日がかかりすぎている。が、『蘭学

「開版」は印刷化のこと

事始』のような苦心をしたそのころ、無理もなかったであろう。「彦蔵の事なるべし」という注は、それだけで当時の人にも通じたことを教えている。

『日本貿易新聞』が訳した『コンマーシァル＝ニュース』のこの記事は、ヒコの『プライス＝カーレント』が、いかに正確で便利なものであったかを明らかにしている。『コンマーシァル＝ニュース』記者の「心覚えに書記したるよりは甚だ綿密」であった。そこで「ヒコの許を得て」転載したというのである。しかも、『コンマーシァル＝ニュース』が、『プライス＝カーレント』の印刷化を報道したという、このヒコの『プライス＝カーレント』のことだけを『日本貿易新聞』が「開版せり」と訳載しているのである。単に外人だけでなく、幕府の開成所の教授が、この記事一つだけを特に取上げて翻訳した理由も同じだったろう。

　この『プライス＝カーレント』のことを、『開国逸史アメリカ彦蔵自叙伝』の高市慶雄氏は、『海外新聞』のことだと思って、そう書いている。が、わたしが天理図書館所蔵のヒコ文献を調べたところ、『海外新聞』でなく、純然たる別個の『プライス＝カーレント』であることが明らかになった。

ブラックに印刷を頼む

天理図書館所蔵の『ヒコ書簡控』の一八六五年（慶応元年）五月十五日付けは、ブラックあてで、それまでの『プライス＝カーレント』の見本を添え、こういうものだが、週二回、一回に百枚ずつを、紙は自分が準備するから、印刷してくれないか、と次のように頼んでいる。事実、そのころの『ヒコ出納帳』には、二千枚・三千枚・四千枚というように、紙を大量に買入れたことが記録されている。

Dear Mr. Black:

Herewith I enclosed Sample sheet of my Price Current which please you will look over and say what will prints for me per monthly. I only want about 100 copies each time to be printed twice a week. The paper I will furnish by myself.

John R. Black

Heco

そして二ヵ月後の七月十二日付けで、『プライス＝カーレント』の第一号をお

may 15/65

ト』（ヒコの手書したもの）

くりますという発信の控が、こう書かれている。
Messrs Chat W' Brooks & Co.

『プライス＝カーレン

By "Kiyoka" I sent you my first No. of "Price Current"...

Kanagawa July 12/65

『プライス＝カーレント』の実物現存

わたしは更にヒコの『プライス＝カーレント』の実物の写真を昭和三十年四月に入手した。京都のパーキンズさんが、ヒコ夫人から昭和十年ころ買ったヒコ文献の中に、ヒコの手書した『プライス＝カーレント』のあることを聞いたわたしは、パーキンズさんの帰米を機に、その厚意で写真を撮って送ってもらったのである。

ヒコが手書

カリフォルニア州の南パサダナにある「パーキンズ東洋文庫」に所蔵されていたこのヒコの手書した『プライス＝カーレント』は、一八六一年（文久元年）八月十四日付けで、ちょうど西洋紙を二つ折にした大きさである。左右を二欄にわけ、一欄に三十四ずつ計六十八の品名と値段が、ヒコ自身の手で、ていねいに、きれいな字で書かれている。薄紙のためであろうか、裏面の字が写真にも写《うつ》っている。

文久元年、ヒコが南北戦争中のアメリカへ三度目の渡米をしたのは九月十七日である。だから、この『プライス＝カーレント』は渡米直前のものであることがわかる。ということは、ヒコが第一回に領事館をやめ、商館をひらいたとき発行していたことを教えてくれる。

有料で海外にも送る

『プライス＝カーレント』は、横浜だけでなく、海外にも送られていたらしい。『ヒコ書簡控』によれば、サンフランシスコあての次のようなものが残されている。

Messrs Chat W. Brooks & Co.

San Francisco

Dear Sir

Since Uniting waiting to-day for "Ida D Royers" I have nothing in my of receipt to acknowledge. By the "Kioka" I sent you my Price Current of this market. . .

そして、有料であった。それはヒコがLaycookにあてた書簡で、「多数の購読者をわたしのために獲得して下さるように」と、こう頼んでいることから推定される。

My Dear Mr. Laycook.

I take the liberty to enclosed few copies of my Price Current of this date, and should be much obliged if you could use your influence to obtain for me as many subscribers as you could. . .

Kanagawa Jap. June 29/65

前後二回、手書で発行

ヒコがブラックに印刷を頼んだのが、第二回目に米国領事館をやめた一八六三年（文久三年）よりあとの一八六五年であることは、ヒコが商館をひらいたときは、前後二回とも『プライス＝カーレント』を発行していたことを物語っている。

ただ、ヒコがブラックに頼んだのが五月十五日で、「開版せり」という報道が十七日なのは、早過ぎるようにも思われる。それはヒコのとどけた見本を、ブラックがすぐ工場に廻して活字で刷らせ、出来た校正刷を同じ横浜の居留地にいた

ブラックの日新真事誌社

ヒコの持っていたもの。おそらくブラックからヒコに贈ったものであろう。銀子夫人の実家，松本洵氏から著者に贈られた。銀座四丁目をうつした現存する最古の写真である。

ヒコに見せたところ、「ああ、結構です。ほんとうによく出来ました」というような返事をして、善は急げと、即日、実行に移し、印刷第一号となったのであろうか。

また、ヒコの「週二回」の頼みが、「二週毎に開版」となっているのは、印刷の都合でそうなったのであろうか。

しかしながら、われわれはここで、『プライス＝カーレント』が、いわゆる「開版」され、「印刷第一号」の出る前、数年間にわたって、手書の『プライス＝カーレント』が出されていた事実を、ハッキリ知らされたのである。「開版」という文字は、ただ単に「出版する」というのでなく、当時の慣用語として、もっと意味がひろく、「手書していたものを印刷化する」意味にも用いられていたことがわかるのである。

この「開版」という文字が、手書していたものを印刷化したという意味に用いられていたことは、わたしが明治大学図書館所蔵の「岩男書簡」を発見したことによって、更に裏付けされた。「岩男書簡」は、ヒコの『プライス＝カーレント』のことを『日本貿易新聞』が「開版」したと報道した、

「岩男書簡」

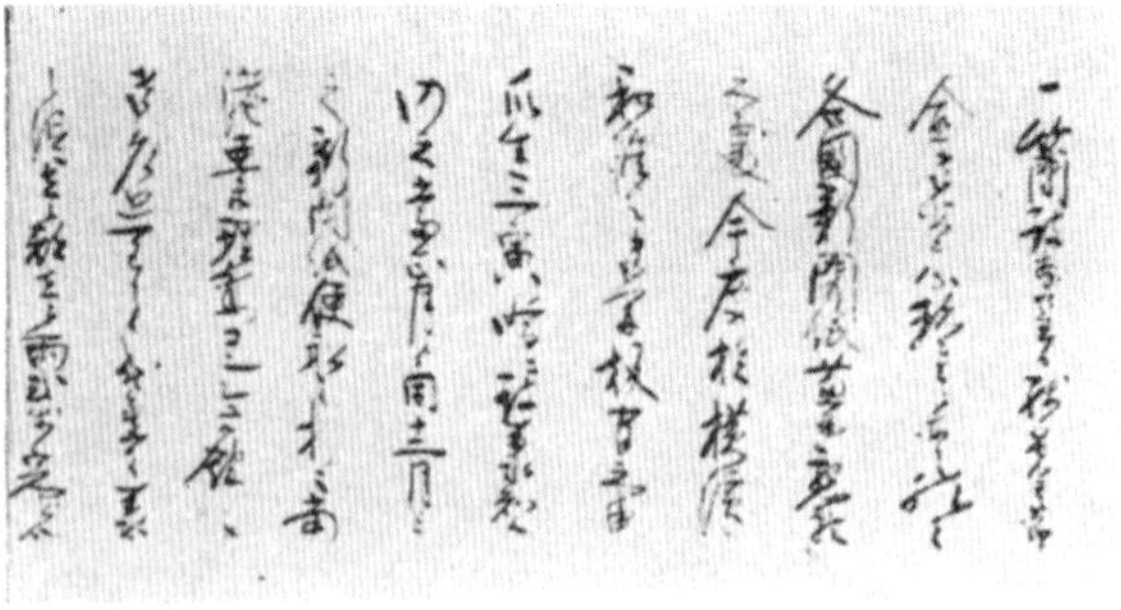

治大学図書館所蔵）

その同じ慶応元年に、長崎からヒコにおくられている。「新聞紙かねて懇願のところ、今度、横浜において和訳の御開板これありし由」と、その「開板」前半年分のバック＝ナンバーの代金をそえて、購読をこう申込んでいる。

一簡致二拝呈一候。残暑之節愈御安康珍重に存候。然者《しからば》各国新聞紙兼而《かねて》懇願之処、今度於二横浜一和訳之御開板有レ之由、瓜生三《うりゅうみ》寅《とら》噂ニ致二承知一候。仍レ之当正月より同十二月迄之新聞紙便船之折ニ当港亜米利駕《アメリカ》コンシユル館江御差廻可レ被レ下候。代金は承候儘壱部壱両弐歩定を以二部分三両差出申候。以来は冬ニ至翌年分之代金上納可レ致旨相心得居

岩男書簡（明

候。自然御交代ニ候而茂《ても》不二相替一出板有レ之候ハヾ、跡之衆ゟ茂篤斗《とくと》御申残可レ被レ下候。頓首。

慶応元年丑六月廿五日

細川越中守内

岩男助之丞（花押）

ジョセフ・ヒコ

文中の瓜生三寅は福井藩士、医・漢・蘭学を学んだのち、長崎で英学を修め、天下の志士と交わり、松平春嶽に重んじられた。幕府の英語学校教授を勤め、明治になってからは文部・大蔵・鉄道・工部などの各省に奉職、のち実業界に入り、馬関商業会議所副会頭となった。藤原義江の父リードが総支配人であった石炭会社の瓜生商会というのは、この瓜生の会社であった。大正二年に東京で死去、時に七十二歳。孫の瓜生昌氏は立正大学経済学部教授をしている。わたしは瓜生が

「御開板」の半年前にさかのぼり購読を申込む

慶応四年に口訳した『交通起源』や、明治三年に訳述した『合衆国政治小学』三冊本、明治四十年発行『国史の研究』に辻善之助博士が書込みをしたもの、明治四十五年訳補の『マルコポロの紀行』などを愛蔵している。

この瓜生から、聞いたからと、「御開板」の前に半年さかのぼって、その年の正月から年末まで一年分の購読料を送っているのである。おそらく、瓜生の持っていた実物を見せてもらったのであろう。が、万一、他に洩れ、瓜生にもしものことがあっては、と気をつかって「噂」の文字を用いたようにも感ぜられる。

いずれにしても、慶応元年五月の木版『海外新聞』推定第一号の出る少なくとも半年前に、『新聞誌』があったことは、この「岩男書簡」によって明らかにされた。ヒコのいうように、元治元年六月に創刊された『新聞誌』第一号から取揃えたい。が、それも無理であろうから、せめて今年になってから、正月の分から年末までの分を必ずお願いする、という熱願が、行間ににじみ出ている。

『プライス＝カーレント』も『海外新聞』も印刷の前は手書

元治二年四月八日に慶応元年と改元されている。従って、岩男のいう年月は、『ヒコ自伝』の記述の正しいことを証して余りがある。もしも、現存の木版『海外新聞』推定第一号が、真実にヒコの発行した『海外新聞』の創刊号であるならば、五月創刊の新聞に、その年の正月からの代金をそえて購読を申込む「岩男書簡」のこういう購読申込みは、絶対にありうることではない。『プライス＝カーレント』の印刷第一号の前に、手書時代が数年間あったのと同じく、『海外新聞』の木版第一号の前に、「謄写」の『新聞誌』時代があったことが、この「岩男書簡」によって立証されたわけである。

西田書簡

わたしは昭和三十一年十月の「新聞週間」にこの「岩男書簡」を発見したことを東西の『読売新聞』で紹介、「海外新聞の元治創刊立証さる」と題して発表した。東京大学明治新聞雑誌文庫の西田長寿氏は、「御推定については何等異見をも挟み得ず、問題点は貴下によって確定された」と、十月八日付け書簡で、次の読後感を寄せた。

私風情の到底企て得ざる深い御探究、唯々驚異と申すほかなく、学界のためにも感謝に耐えません。御推定については何等異見をも挟み得ず、問題点は貴下によって確定されたと考えてよいのではないかと思います。

内川書簡

また、東京大学新聞研究所助教授の内川芳美氏は、十月十日付け書簡で、次のように述べている。

いずれにしても、慶応元年創刊の通説がアヤシイことは確かで、この点、近盛さんの御努力で、しだいに疑問のヴェールがはがれてゆきつつあることは、同学の徒として非常にうれしく思います。明大図書館所蔵資料のこと、私は全く存じませんでした。それにしても、近盛さんのあくなき御研究心、いつも申上げることですが、ただ〳〵敬服の他ありません。

ヒコは自伝で、元治元年六月に『海外新聞』を発刊したと書き、吟香も、ヒコの新暦にたいし旧暦で、四月創刊の『新聞誌』のことを『新聞実歴談』で述べている。『内務省―図書課書目』は『海外新聞』を「旧名・新聞誌」と、公式に記録にとどめ、『日本新聞歴史』は、「謄写」時代のあったことをわれわれに教えてくれていた。そこへ、「岩男書簡」の発見によって、木版に「開板」する半年前の購読申込みがなされていたことが明らかとなり、現存の木版『海外新聞』以前に、謄写の『新聞誌』時代のあったことが裏付られた。

丁数が六月創刊を明示

　では、ヒコのいう創刊の元治元年六月を立証するものは何か、ということになる。ここに木版『海外新聞』の丁数が通し番号となっていることが登場してくる。第一号は一〜五、第二号は六〜十一と進み、六月の第九号は三十八〜四十となっている。したがって七月発行の第十号は四十一、四十二……となるべきところである。ところが、振出しの一にもどって、一〜五となっている。これは、『新聞誌』から『海外新聞』と改題して、わずか二ヵ月に過ぎない。しかし、この『海

『万国新聞紙』も同じ

外新聞』は、『新聞誌』を廃刊して、新しく別の新聞として発行しているのではありません。『新聞誌』のつづきなのです。ですから『新聞誌』発刊の去年・元治元年六月から数えて満一年をおわって、いまここに第二年目にはいったので、この第十号は、丁数を振出しの一にもどします――と、読者に告げているのである。

ヒコの『海外新聞』の次に発行されたのは、ベーリーが慶応三年正月に発刊した『万国新聞紙』であった。翌四年正月に第十集を発行、二月は休刊した。三月発行は、第十一集となる勘定である。が、正月がおわると創刊第二年目にはいったわけである。そこで、この三月発行の『万国新聞紙』も、振出しにもどって、再び「巻第一」から再出発している。ヒコの『海外新聞』と全く同じ行き方である。　石井研堂さんも『幕末新聞全集』の「万国新聞紙解題」で、「今日の言葉でいふ第二巻第一号で、延号数は第十一集たること、英国史の続稿で証せられる」と書いている。

ヒコも、ベーリーも、当時の先進欧米新聞界の慣習に従い、満一年の区切りを実行したことがわかる。ヒコの『海外新聞』第十号が、丁数を振出しの一にもどした事実を事実として、正確に検証してこそ、歴史の研究といえる。

二三　本間清雄のこと

遠州掛川の本間潜蔵

「遠州掛川の本間潜蔵」——は、わが国の新聞史に関心を持つほどの人々に、親しみ深い名である。

ヒコの運命は、遠州灘の沖で大きく変化してアメリカに漂流した。その遠州は掛川藩の人ー本間潜蔵が、ヒコを助けて、わが国の新聞の父ヒコの名を後世に残す『海外新聞』を発刊した。しかも、ヒコが養女として育てたヨシさんの長男は、この本間がのち清雄と称した、その清雄の名をそのままの本間清雄の名で、いま田端の大龍寺に永遠に眠っている。ヒコと本間は、深い縁で結ばれていたといっていいであろう。

この本間の生家は代々、掛川藩の御典医《てんい》であった。いま静岡県小笠郡小笠町石原となっている山すそのその家は、十一代目の精氏が本間医院を開業している。わたしは昭和三十八年五月、八十歳の精氏、六十八歳の夫人俊子さんから「伯父—清雄」のことを聞き、その足で上京、浦和市別所に住む本間の長男—信一氏を訪ね「父—清雄」のことをいろいろ教えられた。

生家には清雄の祖父—清儼の嘉永三年一月から明治元年十二月までの日記が残っていた。その元治元年六月二日のところに「俊三郎（清雄のそのころの名）平川へ帰。又江戸へ再遊」と記されていた。

「旗を文陣に揚ぐる」

本　間　清　雄

旧暦の六月二日は新暦の七月である。『新聞誌』休刊の動きに帰省したのであろうか。祖父の送別の詩にたいし、清雄は「旗を文陣に揚ぐる、また難哉《かたいかな》」の詩を返している。時に数えで二十二歳。

揚㆓旗文陣㆒亦難哉　苦学十年歎㆓不才㆒
願㆑倣慨然投㆑筆士　海城一蹴立㆑名回

生家の精氏夫妻も、長男の信一氏も、ともに「他の二人の方々の子孫はどうしていられるでしょうか」ということをわたしに尋ねた。ヒコと吟香の子孫のことを、『海外新聞』ゆかりの人として、時に思うことがあるとのことであった。

信一さんの家には、吟香から本間におくった礼状も残っていた。唐紙に吟香一流の美事な達筆で、「拝読、其後御無音申上候。益々御清福奉㆓恭祝㆒候。只今は遠来之珍品沢山に御嘉《か》恵《けい》被㆑下、難㆑有奉㆑存候。何れ拝晤万々御礼可㆓申上㆒候。先は御返事迄、匆々頓首。十月十三日、岸田吟香、本間清雄様」とあり、左隅の下に、「猶荊妻よりも宜敷申上呉と申し居候」と書加えている。本間と吟香が、親しく家庭的につきあっていたことがわかる。『海外新聞』で結ばれた友情は、永くつづいていたことがわかる。

ヒコの筆記方に雇われる

本間は天保十四年三月二十七日、父鶴翁・母さたの二男として生れた。数え年十四の安政三年、駿府に遊学、組頭小栗庄右衛門に寄宿、のち、横浜に出て英語を勉強した。ヒコとの結びつきは、小野秀雄先生が生前の本間に聞いたところ、「ヒコゾウが新聞を発行するにつき、筆記方を探していた。それを出入りの洗濯やに頼んだ。私はそのときちょうど横浜にゆき、外国にゆく便宜を探していたので、その洗濯やの勧めで筆記方に雇われた。私はヒコゾウの口授を日本文に書くだけの仕事をしたにすぎない。ヒコゾウは日本の学問がなく、文章が書けなかった」と語ったという。

洗濯やというのは、横浜に外国人が来てはじめて生れた文明開化の新しい商売であった。外国人と日本人が接触する一つの接点として洗濯やがあったことは、時代の背景を考えるとき、興がある。

小野先生の「本間談」

小野先生の書いた本間談によれば、「岸田は海外新聞に何の関係をも有しなかった」ということになっている。が、本間精氏夫妻も、信一氏も、吟香を『海外新聞』関係者として聞いていたという。小野先生の本間談は、老人にありがちの懐旧談として、「新聞誌時代は吟香も協力した。が、海外新聞と改題してからは、自分一人でやった」という、その後の方だけを強調した言葉ではなかったろうか。生前の本間に会ったことのある勝俣銓吉郎先生はわたしのこの考えに同感だった。

外務省人事課長・弁理公使

『海外新聞』廃刊後、本間は慶応三年、徳川民部介(武昭)のフランスにおける万国博覧会渡航に渋沢栄一らとこれに従った。そしてフランスやドイツで勉強、明治二年、オーストリア勤務の外務少録となり、プロシアにも勤務、明治八年には代理公使としてウィーン駐在、在外生活十六年ののち明治十八年帰国、十九年に人事課長、二十四年に弁理公使、二十六年に外務省を去ってからは植村正久の東京神学社の事務を司るかたわら、日本赤十字社の常議員として活躍、大正十二年、八十歳で死去した。

明治二年、皇居吹上御殿で電信機を明治天皇に説明したときの烏帽子《えぼし》装束姿の写真は、若き日の本間の姿を伝える珍しい写真として生家に残っていた。

松平春嶽と本間

生家は掛川藩主が時に訪ねて来て、自ら「山暁閣」と命名したというその記念の額が掲げられ、松平春嶽の「静而舒」という額もあった。子息の信一さん宅にも春嶽の「致而勉」の額があり、本間と春嶽の深いつながりを示していた。「岩男書簡」の岩男は瓜生三寅から『新聞誌』が「開板」して『海外新聞』となったことを知らされ、講読を申込んでいる。その瓜生は松平春嶽の福井藩士として、春嶽から愛されたことで知られている。『海外新聞』を通じて瓜生・春嶽・本間の結びつきがはじまったのではなかったろうか。信一さんも、「父は松平春嶽さんから非常に可愛いがられていたようです」と語っていた。

松崎慊堂と荘村省三

『海外新聞』を通じての春嶽との縁とは逆に、掛川藩に松崎慊堂《こうどう》が仕えていたことは、これまた仏教の因縁のような結果を『海外新聞』にもたらした一つの例のようにも思われる。掛川の文化は松崎のお陰であると、いまも語り伝えられているからである。松崎は明和八年に肥後国(熊本県)益城《ましき》郡木倉村に生れ、藩教授となり、文化二年から九年まで掛川にいた大儒であった。そして、ヒコの『海外新聞』を終始購読した、たった二人のうちの一人「肥後のショウムラ」は、この松崎慊堂の肥後における弟子－荘村省三であった。掛川の文化を指導した松崎の影響を受けた本間のつくった新聞を、松崎の門弟－荘村が愛読したというのも、奇縁ということができよう。

筆まめな本間

本間は筆まめな人であった。外地から母に送った書簡数百枚が生家にいまも残っている。美濃紙に本間が『横浜新聞』に書いていている書体そっくりの書き方で、細字を毛筆でしたためている。ペンは一度も使っていない。すべて発送ごとにナンバーが打たれており、途中、不着のものがあっても、すぐわかるよう打合せがしてあったそうである。字は自分勝手に略してはいけないと、つねにいましめていたというだけに、正しい筆法のきれいな字である。本間家には清雄の父・祖父の安政の大地震や、将軍のうわさ話など、街道筋から伝わった京都のニュースを折りまぜた日記も残っており、筆まめは代々、受けつがれたらしい。

伊藤博文からの「スタイン先生伝言の報道」にたいする礼状や、外務大臣をしたかつての先輩青木周蔵、また西園寺公望《きんもち》からの手紙が信一さんの家に残っていた。スタインは伊藤の明治憲法制定に大きな役目を果した憲法学者であることは周知のとおりである。在外生活十六年のほとんどをドイツにおくった本間の語学は、隣室で聞くと外人そのままであったといわれているだけに、外遊したこれらの人々にとって本間は重宝な存在であったであろう。

植村正久と森有礼夫人

本間は外国にいたころからキリスト教の信仰を持ったようである。が、のちに植村正久についてキリスト教の仕事をするほど打込んでいたわけではなかった。五十五歳のときチフスにかかり、病後の保養に帰国した本間を、ある日、婦人が訪ねてきて、しきりに説教めいた話をしていたという。その婦人が帰ったあと、精さんが聞くと、「あれが森有礼《ありのり》の奥さんだ」と答えた。そのころから本間はキリスト教に再び熱を入れはじめたという。

本間の人となり

いま信一さんの家には、本間が生前に書いた自分の葬儀執行順序というものが残っている。明治〇年〇月〇日とあるところを見ると、死の十数年前から準備されていたことがわかる。自宅出棺午後二時、讃美歌第九十六、祈禱植村正久君、讃美歌第三百六十八、訣別の順序や讃美歌の数まで指定してある。さらに内閣爵位局に病名と月日さえ書込めばすぐ送れるよう、封筒までちゃんと上書してある死亡届が準備されていて、それがいまも残されている。本間の人となりをよく物語っているといえよう。

しかし、花やかな外交官時代のことは話しても、苦学していたころの『新聞誌』とか『海外新聞』時代のことは、あまり語らなかったようである。親族の兵衛さんが、「新聞を出したころはどうでした」と聞いても、「もう忘れちゃった」と答え、何もいわなかったと、精さん夫妻はわたしに語った。が、その本間の生家には、冨《ふ》山房《ざんぼう》から明治三十九年に芳賀矢一・下田次郎編纂で出した『日本家庭百科事彙《じい》』が大切に保管されている。千五百四ページ、定価十円というそのころの大著で、そのなかに本間のことが載っているから、特に愛蔵されているのである。

アメリカ彦造《（ママ）》、本間潜造《（ママ）》、岸田吟香等横浜に於て新聞紙《（ママ）》を発行し、半紙十枚程にて毎月二三回、悉く筆記にて此れを同志《なかま》に配布せり。

と書かれている。生前の本間が、生家のこの『百科事彙』を読まなかったとは思われない。否、精さんらは、そのころからこれを読み、知っていた。そして、本間がこの説明を読んで、何とも別にいっていないと語った。すなわち『海外新聞』と書かず、「新聞紙」と説明しているこの記述を本間が否認しなかったことは、『新聞誌』がのちに『海外新聞』と改題されたことを、本間が事実その通りであると認めたことをわれわれに教えてくれている。

二四　岸田吟香のこと

「岸田吟香先生記念碑」というのが、岡山県久米郡旭町の、旭川ダムを一望におさめる丘山にある。碑は馬場恒吾氏の筆である。わたしは昭和三十八年元旦、このわが国新聞界の先覚者が生れ育った旭町（岡山県久米郡）に大阪からアクセルを踏んでドライブした。ダムに臨んだ山腹には農家が点在、まことに風光に恵まれた明るい平和郷であった。

本間より十歳の年長

藤田東湖とも親交

吟香は天保四年四月八日、お釈迦さまの生れた花まつりの日に、そのころ中垪《なかは》和《が》―谷村といったこの旭町に生れた。本間清雄よりちょうど十歳の年長であった。父は秀治郎、母は小芳。五男三女の長男―太郎がのちの銀次、すなわち吟香である。素《そ》封家《ほうか》として庄家の家系である吟香の生家には家蔵の漢籍が相当にあったらしい。幼いころから吟香はこれらの漢籍を好んで読んだといわれている。そして、津山城下に出て漢学を学んだ。が、それに満足せず、十七歳のとき江戸に赴き、津山藩儒―昌谷精渓の門に入った。

若き日の岸田吟香

吟香の学業は進み、精渓の紹介で林図書頭《ずしよのかみ》（藕潢）の塾に入り、やがて図書頭の代講として水戸藩邸・秋田藩邸などで講義するようになった。藤田東湖とも親しく交わり、安政二年の大地震に水戸邸で東湖の圧死を目撃した。が、この地震のあと、吟香もまた病気となり、帰郷した。

再び江戸行を志した吟香は、父から「大阪まで」の許しをえて、上阪。藤沢東《とう》畡《がい》に漢学を、緒方洪庵《こうあん》に蘭学を学んだ。たまたま江戸遊学時代の知友—南摩《なんま》羽峰(紀綱)が九州から江戸への途、大阪に立寄ったのに会い、故郷に無断で南摩と再び江戸に出、東湖の盟友であった弘庵—藤森天山の門に入った。

桂小五郎も吟香に推服

吟香におくれて天山の門に入ったのが、長州の逸材—桂小五郎であった。天山門下の先輩として、桂小五郎は吟香に推服したといわれる。維新の元勲となった桂小五郎の木戸孝允《たかよし》は、箱根の湯治から帰るたびに、箱根細工をみやげに吟香を訪ね、「先生、先生」と、往時を偲《しの》んだという。

吟香と桜痴

嘉永六年、ペルリ来航以来、世情は騒然となった。水戸斉昭も出仕をとどめられた。水戸藩と親しく、時勢を慨して幕府に建言した藤森天山も幕府に捕えられた。師―天山の塾のあと始末をした吟香は、再び林図書頭の塾にもどった。そのとき長崎から出てきた新入りの書生が苟庵《こうあん》(源輔)の息―福地源一郎であった。のち、明治の新聞界に知られた『東京日日新聞』の桜痴《おうち》と吟香は、このとき林に紹介されて、初めて顔をあわせた。時に福地は十八歳、吟香は二十五歳であった。

経師屋銀次と称す

が、天山の建白書が吟香の筆になると疑われ、幕府の目は吟香にきびしくなった。林図書頭に迷惑をかけてはと思った吟香は、江戸から上州(群馬県)伊香保に難をさけ、寺子屋をひらいて生活の資とした。逃亡の途中、逮捕をのがれるため、浅草の経師屋銀次と称した。

万延元年三月三日、桜田門外の変のあと、情勢は一変した。吟香もひそかに江戸へ帰り、上野寛永寺のほとりにかくれ住んだり、林図書頭の世話で三河国(愛知県)挙母《ころも》藩内藤家の侍講をつとめた。が、つづかず、再び江戸に帰った。このとき、吟香が三河からすぐ江戸に上ったか、それとも上州を再び訪れてから江戸に帰ったか、異説があり、明らかでない。

江戸に帰った吟香は、内藤家をお払箱になりましたと、林図書頭を訪ねるのも心苦しい。が、うちつづく流浪《るろう》生活のため、やむなく左官職の手伝になった。泥まみれになって、親方から「銀公、銀公」と追い使われた。

「これではたまらぬ、もっと楽な仕事はないか」と、湯屋の三助にもなった。場所は深川—富岡八幡の一の鳥居の近くで、その一帯は辰巳《たつみ》といわれ、深川の羽織といわれる芸者、こどもといわれる女郎衆のいる花街であった。男っぷりがよく、素裸のきれいな三助の銀公は、女たちに人気があった。そんな縁で、三助の銀公は、芸者の送り迎えや、三味線箱を持ってお供する箱丁になった。後年、吟香といったのは、そのころ「銀公、銀公」といわれたのを、もじったものであったといわれている。

ヘボンの治療を受ける

が、女の匂いに埋れる吟香ではなかった。やがて、箱丁をやめ、茶飯屋「ままよ」をひらいた。飯（まま）のしゃれであり、「ままよ三度笠、横っちょにかむり」のしゃれでもあった。すっかり茶飯屋の主人公になった吟香は、そのころ眼病になった。なかなか治らない。同郷―津山藩出身で幕府の洋書調所教授となっていた箕作《みつくり》秋坪《しゅうへい》のことを思い出し訪ねると、「横浜へ行ってヘボン先生の治療を受けてみては」とすすめられた。

ヘボンは、ヘボン式ローマ字の名で知られるそのヘボンである。James Curtis Hepburn と書くから、ヘップバーンと発音するのが正しい。が、ヘボン自らも『和英語林集成』に「平文」と号し、吟香の『もしほ草』にもヘボン先生と書かれており、古くから「ヘボン」と親しみ呼ばれている。

吟香がヘボンを知ったことは、吟香の生涯に非常な影響を及ぼした。吟香の後半生を支配した中国関係は、ヘボンに従って『和英語林集成』印刷のため上海に行ったのが縁のはじまりであったからである。

そのころヘボンは辞書編纂のため苦心していた。和漢の学に通ずる吟香は、得がたい助手となり、ヘボンの館に移り住んで、『和英語林集成』の稿をすすめるとともに、眼病の治療も手伝った。

ヒコとヘボン

当時、ヒコは米国神奈川領事館通訳として、ヘボンの成仏寺や宗興寺借入れの世話をして、互に交友を持っていた。そのようなことから、吟香もヒコと相知るようになり、『新聞誌』の発刊にも吟香は協力することになった。

明治八年に吟香の書いた『目薬精錡《せいき》水《すい》功験書』によれば、吟香は元治元年四月に眼病をわずらい、六月にヘボンの館に移ったといっている。が、わたしは、これは『新聞誌』創刊のころという漠然たる記憶からそう書いたのであって、実はもう一年前の文久三年の出来事でなかったかと思う。

『漂流記』の序文

というのは、文久三年にヒコの『漂流記』が出板されており、その序文は吟香の筆になるのではないかと思われるからである。わたしは吟香と本間が『漂流記』にも関係したように思う。特に序文は『もしほ草』の序文と一脈相通ずる吟香の文体のように感ぜられる。『漂流記』の序文は、こう書かれている。

おのれ相州の沖にて難風に逢ひ漂ひし時は、已《すで》に魚の餌《えさ》にもなるべかりしを、測《はか》らずも異国《ことくに》の船に助けられ、米利堅《メリケン》のサンフランシスコといふ所に連れ行かれぬ。こゝに足を駐《とど》め、何卒《とぞ》み国へ帰らばやと思ひ、明暮《あけくれ》神仏を祈り、其序《ついで》をまつ折から、幸ひに貿易の御許ありて、こと国の船々長崎・横浜に入りくることゝなりぬ。これに便りを得て御《み》国へ帰り来し時は、其喜び筆にもこと葉にも尽しがたくなむ有ける。御国の人人おのれをくしきものに思ひ、出会ごとにかならず漂流の事に及べども、暫時のはなしに其委《くわ》しきを尽すこと能はず、漂流記を綴《つゞ》らまほしく思へども、流れたるは十三の時なれば、御国ふりの文はえつゞり得ず。今より学び得て物せんとおもひしに、ある人のいへらく、しかせむには、年月を送る内、もしさはる事いできなば、終に其期《ご》をうしなふこともありなむ、文拙《つた》なくも其意通じなばよからんといふに付て、ようやくに思ひ起し、閑あるごとに友とはかり、古き日記などくりて、わづかにつたなき一小冊を編し得たり。希《こいねがわ》くは其つたなきを咎《とが》めず、なぐさめ草にもなし給はゞ、異国の事情を知るに裨益《ひえき》あらんか。文久三年秋菊月、播州彦蔵しるす。

吟香の『新聞実歴談』によれば、『新聞誌』創刊から「一年を経て慶応二年寅の四月に予は支那に赴けり、これ脱稿したる辞書印刷の為めなり」となっている。ところが、『目薬精錡水功験書』では、「慶応元年九月和英語林集成の編纂も漸く出来上りたるを以て、予遂にヘボン先生に従つて上海に至り滬《こ》城の少東門外なる美華書館に在りて是を刊行し、翌慶応二年六月に至り全く業を卒《おわ》りて再び先生と共に帰朝」と、一年くいちがっている。こういうことが、ヘボン館に移り住んだ吟香は「オールド＝ティチャー」

時期になかったであろうか。

天理図書館所蔵ヒコ文献の『ヒコ出納帳』によれば、一八六三年（文久三年）八月三十日のところに By Printing Account. Paid for Writing up in Good style とあり、更に九月十七日に By Printing A/C. Paid to Old Man "Teacher" と書かれている。すなわち『漂流記』の発行について、文体を整えるための原稿料を払った人と、その発行について〝年上の先生〟に払った謝礼の二件が記入されているのである。オールド＝ティチャーにたいし、ヤング＝ティチャーがあったことがわかる。吟香と本間は十歳の年齢の差があった。吟香も、本間も、『海外新聞』の前に、まずヒコの『漂流記』にも協力したのでなかったか。著者としてヒコの名だけが残っている。が、その口述筆記の筆者は吟香と本間のほかには考えられない。

いずれにしても、吟香は『和英語林集成』編纂のころ、『新聞誌』時代のヒコに協力、『海外新聞』と改題してからは、本間一人がヒコの口述を筆記したらしい。

『和英語林集成』の功に報いるため、ヘボンは吟香に目薬「精錡水《せいきすい》」の発売を許した。「精錡水」は眼薬の同義語となるほど売れた。海外、特に中国の各地に楽善堂分店を設け、東亜同文会・同仁会・東亜同文書院など中国関係の足がかりとなった。

吟香と新聞

吟香はヒコの『新聞誌』のほか、ウェン＝リードと『もしほ草』を発刊した。また、東京日日新聞社に入って吟香独自の平明達意の文で名を知られた。当時発行された錦絵は、日報社の玄関に足をかけて、社にはいろうとする吟香と、その前に宗匠頭巾《ずきん》の福地桜痴《おうち》を描くほど、当時の『東京日日』は、吟香と桜痴が代表人物であった。

日本最初の従軍記者

明治七年の台湾征討軍には、吟香は日本最初の従軍記者として台湾に従い、これまた新聞錦絵になった。戦報だけでなく、台湾の風物も記録した。『東日七十年史』に「岸田吟香が台湾から送った蕃地征討地図と台湾手稿挿画」というのが載っている。絵も巧みであり、記者とカメラマンの一人二役を果した。

絵といえば、日本で最初の私製ハガキをこしらえたのも吟香だといわれる。自画像を印刷、年賀状の絵も吟香が自分で描いた。岸田劉生《りゅうせい》の画才は、父—吟香から受けついだものであったろう。

明治の先覚者の一人

「岸田朝臣桜」と署名した若き日の吟香の写真が本間家に保存されている。『もしほ草』表紙の“K. S. ASOM”が岸田朝臣桜であることを示している。吟香もまた明治の先覚者の一人であった。ヒコは『海外新聞』に、よき協力者をえたといえる。明治三十八年六月七日、七十三歳で逝いた。

二五　肥後の荘村省三

ヒコは自伝で『海外新聞』を「定期に購読したのは、肥後のショウムラという武士と、九州柳川のナカムラという藩士の二人だけであった」と書いている。

わが国の新聞愛読者の草分けの一人であるこの「肥後のショウムラ」という文字は、わたしの知るところでは、三つの文献に見られる。その第一は、もちろん、『ヒコ自伝』である。ヒコはShomuraとつづっている。

第二は、わが国における新教キリスト教伝道の開拓者として、安政六年、長崎

聖公会の日本最初の受洗者

荘　村　省　三
(右手にピストルを持っている)

に渡来、在日五十年にわたり、立教大学の前身である立教学校を創設した日本聖公会の初代監督ウィリアムス Channing Moore Williams の『教会歴史問答』の最後の日本の部に、

問　長崎に於て初めて日本人に洗礼を施したるは何時なりや。

答　慶応二年（千八百六十六年）二月なり。聖職ウィリアムス氏（ママ）は肥後人ショームラ氏（庄村氏乎）に洗礼をなせり。

とあるのが、それである。

第三は、「侯爵大久保家蔵版」による『大久保利通日記』明治三年十二月二十八日の項にある左の「肥藩荘村入来」の六字である。が、これは省三の養子・一郎のことで、徳富蘇峰の「近世日本国民史」は、省三と一郎を混同している。

『大久保利通日記』

勅使就二御発途一参上。十字（時）御立。山県（有朋）旅宿に訪。昼後野津子（鎮雄）・篠原子（国幹）・種子田子（政明）入来。肥藩荘村入来。

元田作之進氏著「老監督ウィリアムス」を読んだあと、ウィリアムス師の原書が、ショームラをどうつづっているかを、聖公会教務院長-西村敬太郎氏に照会した。西村さんから、日本聖公会歴史編集委員の立教大学教授-後藤真司祭の報告を知らされたのは昭和三十年六月十四日付けであった。後藤さんはウィリアムス師の英文の原文の草稿の写しを持っている。そして、ウィリアムス師は Shomura と Shiomura の二通りにつづっているという。

第一は『教会歴史問答』の「日本の部」Christianity in Japan の中にある分で、こう書かれている。

When was the first Japanese convert baptised in Nagasaki?

Mr. Shomura of Higo was baptised by Rev. Mr. Williams, Feb. 1866

第二は『聖公会の歴史』History of the Seikokwai の二枚目に次のように書かれている。

Great difficulties were encountered by the missionaries in the early days, but a few were taught and baptised secretly in Yokohama and Nagasaki who was the first baptised in the Episcaped mission at Nagasaki.
In the spring of 1866, Mr. Williames baptised Shiomura of Higo.

後藤さんの追記には、第二の訳を、こう書いていた。

初期の宣教師は皆非常なる困難と戦ひたり。然れ共横浜長崎に於て秘密に少数の人々を教へ洗礼を施したり。日本プロテスタント宣教師にて最初に洗礼を授けし人人は誰なりや。
慶応二年（千八百六十六年）長崎にて聖職シ＝エム＝ウィリアムス氏が肥後のショームラ（庄村氏乎）に洗礼を授けたること既に述し如し。

ウィリアムス師のつづった第二のShiomuraは、ショウムラとも、シオムラとも読めるわけである。そうすると、ややこしくなる。

フルベッキが最初に福音を伝えた

ところが、フルベッキ Guida Herman Fridarin Verbeck が、一八八三年に著わした Proceeding of the General Conference of the Protestant Missionaries of Japan の八ページには、ウィリアムスが「肥後のショウムラ」に洗礼したことを、

> In the spring of 1866 Bishop Williames, of the Episcopal Church, baptized Shiōmura of Higo.

と書いている。フルベッキは、肥後藩から長崎に留学する藩士の監督の地位にあった「肥後のショウムラ」に、キリスト教の福音を伝えた最初の人であり、また、ウィリアムスとも親交があった。フルベッキはオランダ改革派 Dutch Reformed Church Mission から派遣され、ウィリアムスは監督派 American Episcopal Mission からの派遣で、宗派は異なっていても、フルベッキの子女は、その異なる教会のウィリアムスの洗礼を受けたほどの関係をもっていた。

したがって、フルベッキがウィリアムスから洗礼を受けたショウムラのことを書いたのは、誰かからそういう話を聞いたというようなものでなく、もっと体験

的な表現と見られる。このフルベッキの書いた Shiōmura がシオムラでなく、明らかにショウムラと読ますべく書かれていることは、発音に正確な真実のつづりと見なければならない。

『教会歴史問答』

埼玉県川越市の聖公会教会を訪ね、松平惟太郎司祭から『教会歴史問答』の実物を一読させてもらったわたしは、京都の聖公会三一教会司祭－伴我何人さんの厚意で、聖公会の歴史に明るい貫民之介氏に「肥後のショウムラ」について尋ねた。貫さんは昭和八年から十年まで聖公会歴史起草委員をした人である。そのとき同じ委員の一人であった前島潔《きよし》師が、昭和十年の『基督教週報』に「肥後のショウムラ」を詳しく調査した結果を報告していると知らされた。そして、京都の聖公会主教教務所を訪ね、大岡義政牧師の厚意で、前島さんの調査結果を知ることができた。

前島潔師の調査

前島さんの「ショウムラ」についての調査は、わたしも京都美術大学教授－重久篤太郎氏から教えられ、昭和十二年四月一日号の『明治文化』に前島さんが執筆した荘村のことを日本新聞学会発行『新聞学評論』第四号に「海外新聞発刊九十年」を書いたとき、簡単に紹介しておいた。横井小楠系の人物で、若いころ松崎慊堂《こうどう》に師事した荘村助右衛門が、のち省三と称し、庄村とも書いたこと。大隈重信が長崎に遊学したころの文久三年に荘村もまた熊本藩士の監督格で長崎に出張していて、フルベッキやウィリアムスとも接し、西洋知識の吸収につとめたこと、明治四-五年ころ上京、太政官少史となり、そのころ東北水沢《みずさわ》(岩手県水沢市)から出京したばかりの後藤新平を家において世話したこと、のち三条実美《さねとみ》の祐筆《ゆうひつ》となり、その才気と能筆を愛されたことなどを、前島さんの文によって説明しておいた。

が、この『其督教週報』を読み、前島さんが、「アメリカ彦蔵の海外新聞愛読者」であった「肥後のショウムラ」と同一人であろうと断案を下しているのを知った。わたしに先んじて、既に断案を下していた人があったわけである。

荘村書簡を発見

その後、わたしは荘村省三からヒコにあてた書簡三通を明治大学図書館所蔵の「ヒコあて書簡」の中に発見した。昭和三十一年十月の新聞週間に寄せて、東西の『読売新聞』に発表した「海外新聞の元治創刊立証さる」の最後にこのことを述べ、わたしの推定の正しかったことを発表した。「肥後のショウムラ」が荘村省三であろうという推定は、わたしに先んじて前島さんも断案を下していた。が、この断案の正しかったことは、わたしが明治大学で発見した荘村からのヒコあて書簡によって確定された。

『松菊《しょうきく》木戸公伝』によれば、慶応三年七–八月ごろ、木戸が長崎で薩長土連合を策しているころ、木戸は帰国にあたって荘村の労に報いるため刀を与えたところ、荘村は「其好意を謝し、且つ餞別として八月二十五日短銃一筐《はこ》を贈」ったと記している。

荘村とピストル

ピストルといえば、前島さんの書いた『基督教週報』には、荘村の孫–荘村鹿吉氏から前島さんに贈った荘村のピストルを持った写真が掲載されている。鹿吉さんのいう「異様の洋装」で、左手は椅子におき、右手にピストルを持つというよりも、ぶらさげているといったほうがピッタリとくるように持った写真である。文明開化の先端人—荘村省三を思わす珍らしい記念写真である。

江戸にいたとき木戸と相知った荘村が、後年、長崎で再会し護身用のピストルを木戸に贈ったのも時代を偲ばす挿話といっていいであろう。更に、荘村と西郷をめぐるエピソードが後藤新平によって語られている。

荘村と後藤新平

雑誌『文芸春秋』が昭和三十七年二月に出した「創刊四十年記念」号は、特別付録として「巻頭随想に見るこの四十年」を特集、大正十二年の創刊号から昭和三十三年十二月号までの巻頭随想六千九百四十四篇から十九篇を選んで再録、その中に後藤が大正十五年六月号に書いた「西郷吉之助に会った話」というのが載っている。読んでみると、後藤が西郷に会った話であるとともに、荘村を思い偲《しの》ぶ話といってもよいほど、行間に荘村を追慕する情がうかがわれる。

明治四年ごろであった。自分は竜の口の細川侯藩邸内（今の和田倉門と呉服橋の間）に、起臥していた。それは太政官の少史、荘村省三という人の食客になっていたのである。荘村氏が太政官に出勤する時に、いつも供をして往った。丁度、十五歳のことである。朝は供をして見送り、午後はお迎えにいって、ついて帰ってくるのが役目であった。

ある日、荘村少史が、昼過ぎに出勤した。いつもの様に自分は供をしていった。和田倉門を入って、坂下門の方へ行こうとするところは、大名屋敷が両方にあった。それは暑い七月の晴れた日であった。その辺に差しかかると、むこうから、大きな男が、供を一人つれて、歩いてきた。供というのは、当時は若造といって、大てい十四五から二十位の書生であった。ところがこの大男の供は、三十ぐらいで、袴なしで、背さき羽織をきて、股引を穿いて、尻をはし折っていた。

すると、主人の荘村少史が三歩ばかりこちらで、下駄をぬいで、下駄の上に足をあげて、お辞儀をした。近頃の人は、もう知らぬかも知れないが、これは土下座の代りにする敬礼で、自分が子供のとき、藩侯にした礼である。自分は藩侯以外の人には、この礼はするものではない、と思っていたので、荘村少史が、この様子をしたとき、全くビックリした。太政官の少史といえば、後に太政官の小書記官と変った役で、当時仲々幅のきいた官吏である。その人が、土下座の礼を始めたのであるから、子供の自分は、全く不意打ちを食って驚いたわけである。

すると、むこうから来た大男は、荘村少史の方をむいて、ニッコリ笑って、

「お暑うごんすな」

といって、すたすた行き過ぎた。自分は、ぼんやり主人の後に立ったまま、

不思議な男だ、不思議なお辞儀だ、と思っていた。すると荘村少史が、

「西郷吉之助」

と、自分の耳にささやいた。自分は、はっと思って、過ぎゆく大男の後姿を見送った。そのとき西郷さんは、薄色の背《せ》割《さき》羽織に、短かい袴、下駄ばきという姿で、大小を指し、両手をぶらりと、さげていた。大男で、色は九州人としては白い方だという印象をうけた。大きいハッキリした眼に、愛嬌があった。太い眉毛が、いまも眼に残っている。お暑うごんすな、といったときに、非常に懐しい味があったように覚えている。

後藤は、鉄道院総裁として九州巡視のとき、熊本でわざわざ荘村の墓に参り、香華を手向けたという。

わたしは昭和三十七年七月、九州にゆき長崎・柳川・熊本のヒコ関係資料を調査をしたとき、熊本市北新坪井町の日蓮宗真浄寺に荘村の墓を訪ねた。荘村は過

去を語ることを好まず、家人は荘村が聖公会の洗礼を受けたことも知らなかったので、自家の宗旨により、日蓮宗の寺に納骨した。そして、水上勝義住職によれば、荘村省三は過去帳に「久遠院晩翠日寿居士」として、明治三十六年四月二十日に八十四歳でなくなったことがしるされている。が、墓はわからなかった。その後、高田素次氏から熊本市花園町柿原の天福寺に葬られていると知らされた。

二六　柳川の中村祐興

ヒコの『海外新聞』は、幕末の横浜で発刊された。その横浜で発行された『海外新聞』を、二年間、終始、購読した、たった二人の人物が、ともに九州の人物であったことは注目されねばならない。長崎は、時代の先駆者の必ず訪わねばならない土地であった。この先駆者の往来した長崎という土地を無視しては、これは解けない謎であろう。

福沢諭吉と親交

中村祐興

福沢諭吉は、安政六年（一八五四）二十歳のとき、初めて中津から長崎に遊学してＡＢＣを習いはじめた。『海外新聞』発刊の元治元年より十年前である。

当時、福沢は叔父－中村術平の養子となり、中村姓を名乗っていた。長崎に遊学した福沢は、周知のように、砲術家－山本物次郎の食客になった。山本は柳川藩の御用係、筑後町の山本家の出身である。従って、長崎に遊学中の柳川藩の人々が出入りしたことは、いうまでもない。その中に、中村祐興という人があり、この二人の青年－中村は、親しく交際していたらしい。

石河幹明著『福沢諭吉伝』に、「筑後柳川藩の中村祐興といふ人は、先生と同時に長崎に遊学してゐた縁故で、老後福岡に隠居してゐたとき、同地の義塾同窓会に出席することもあつたが、或時の懐旧談に、先生が山本家に寄食中は、夜間、女中部屋で女中等が雑巾《ぞうきん》さしなどしてゐる傍で、行燈《あんどん》の余光を利用して本を読み、彼等が寝に就いた後、始めて其燈光を専有して勉強せられたものだと、同窓者に語つたといふことである」とある。

「新聞の福沢精神」を『新聞研究』誌の昭和二十九年五・六・七・八月に連載したとき、わたしは『福沢諭吉伝』を読みかえして、この「中村祐興」が、ヒコのいう「柳川のナカムラ」ではなかろうかと思った。日本新聞学会で「海外新聞発刊九十年」を発表したとき報告、『新聞学評論』にも記しておいた。

『曽我祐準自伝』

その後、ヒコ採訪に長崎を訪ねたとき、渡辺庫輔氏から、「中村祐興」の名は、柳川出身の『曽我祐準翁自叙伝』にもよく出てくることを教えられた。曽我は陸軍中将・子爵であった。天保十四年十二月に柳川藩-曽我祐興の二男として生れ、旧幕臣－榎本武揚の函館五陵郭攻撃に勲功をたて、西南役にも出征、陸軍士官学校長、熊本・大阪・仙台の鎮台司令官、参謀次長などを勤めた。貴族院議員・枢密院顧問官となり、昭和十年十一月三十日に死去。時に九十一歳。

『曽我祐準翁自叙伝』によれば、曽我が「少年時代に於て、心根に徹する精神教育を受けた」のは、大成流の十《と》時《とき》無事老先生「であった。余に於て先生は技術の先生のみでなかつた。大成流の門人には尚友楼の書生は、大概残りなく、其他に重なる人々は中村祐興・石川揆一・立花参太夫・家兄祐正君」などと、「重なる人々」の真先に「中村祐興」の名をあげている。

さらに、長州征伐の幕令が出たとき、柳川藩でも砲兵隊をつくることになった。そのとき「年長者の中村祐興・笠間広達両氏が金銭出納等の事務は担当され、漸くの事で大砲三－四門が出来た」とか、長州征伐のあと、「英式練兵がそろそろ流行しだしたから、長崎に伝習に行かうと云ふことになり、先づ出精家《しゅっせいか》からと云ふので、十時一郎・中村祐興・笠間広達・十時信人の諸氏及余と其他二-三人命ぜられた」と、「中村祐興」と長崎との、そもそものつながりも明らかにしている。また、慶応元年五月、長崎で「中村祐興氏は平野山石炭山の用務を帯びながら書生をされた」とも述べている。当時、長崎で書生といえば医者の書生のことで、他の書生は伝習方と呼んだ。

曽我が慶応二年、洋行を計画したとき、金策に悩んだ。見かねた中村祐興は、平野石炭山の役人から五十両、長崎の松尾屋から五十両と計百両を、「若し他日志を得たら返金す」という条件で周旋した。百両というのは大金である。中村の友情に、曽我は「深謝に堪へぬ」と語っている。

昭和三十七年七月二十一日、柳川を訪ねたわたしは、郷土史家-相浦醇・堤伝・甲木《かっき》与一郎三氏に会い、この「中村祐興」という人のことを尋ねた。「そういえば、先日〝矢箇部新左衛門記念碑〟を調べに行ったとき、その碑銘を書いた人

記念碑に「中村祐興書」

が、たしか中村という人であったように思う」とのことに、車を山門《やまと》郡瀬高町大字小田字唐尾の碑に走らせた。碑は、

鎮西抄紙
創業技祖　矢箇部新左衛門記念碑
従五位勲五等　中村祐興書

と刻まれていた。この碑は明治三十年に建てたものである。

こうして、「中村祐興」氏を調べる手がかりは発見できた。そして、「お尋ねの〝柳川のナカムラという藩士〟は、お察しの通り中村祐興氏に相違ないものと思います」という甲木さんの書簡がわたしにとどけられたのは、昭和三十七年八月八日付であった。

『柳川藩侍帳』

理由は安政七年の『侍帳』を調べたところ、旧柳川藩誌第十一編禄扶持第三巻に中村姓が六名ある。が、長崎関係のつながりを持つ人ということを考えると、

小野勘解由《かげゆ》組の中村与八郎だけになる。平野石炭山は小野家の経営であったし、中村祐興氏が平野石炭山の用務を帯びて長崎にいたことは『曽我祐準翁自叙伝』にも記されているとおりである。こう考えると、与八郎がのち祐興と改名したのであろうというのである。

そして、中村祐興氏の子息－中村三郎氏が東京文京区に健在であることも知らされた。わたしは中村三郎氏と度々書簡を往復し、来阪の中村さんを訪ねて親しく話すこともできた。

三郎さんは明治十五年七月三十日生れであるから、そのとき八十歳であった。日清・日露戦争に軍事探偵として頭山満の門下で活躍、のち、ヒマラヤ山中でヨガ哲学の修行を積み、心身統一法を創始、四十年来、天風会の名でこれが普及に専心しているとのことであった。天風会の一時間半にわたる講演をわたしも聞いた。疲れを知らぬ話述ぶりは六十歳台の人としか思われぬ元気さであった。三郎さんの書簡には、こう書いてあった。

> 曽我子爵と父とは義兄弟のような親交があり、拙生は幼少の折、子爵のことを〝おじさま〟と呼んでおりました。父の祐興という祐の字と、曽我さんの祐準という祐の字と同じくしたのも、親交の結果であり、曽我子爵の口癖に〝祐興兄は開化人じゃから〟というのを、しばしば耳にした記憶があります。察するに今日の人のいうモダンとかハイカラとかいうことと同格なのでしょうと思います。

「祐興兄は開化人じゃ」

曽我が「祐興兄は開化人じゃから」といったということは、文明開化の言葉を好んでつかった明治人の言葉らしい。が、祐の字は曽我の父も「祐興」であったことを思うとき、祐準が兄事したがゆえに、自分の父の名をそのままつけるようすすめ、中村も曽我の父を尊敬していたので、その名をもらったというようなことがあったのであろうか。

中村祐興に「与八郎」といった時代があったか、どうかの問に、三郎さんは「拙生幼少の折、次兄の豊次郎という名が父の青年時代の名であったように母から聴いたことがあるよう、おぼろげに記憶しています」と述べ、ハッキリしなかった。が、何とか郎といった時代があったことは、これでわかる。与八郎といったときも、豊次郎といったときもあったのではなかったろうか。小野家の平野山石炭山に祐興氏が関係していたことは事実であり、その平野山石炭山の記録に、中村姓がただ一人、与八郎という名で載っているのであるから、この与八郎が、のちに祐興氏となったことは確かである。

中村と荘村の交わり

三郎さんは後藤新平の相馬事件のときの加藤病院のあとに住んで四十年になる。そのころ後藤から「自分の世話になった人と、あなたの父とは深く交わっておられたようです」といわれたことを記憶していると語った。後藤の「世話になった人」というのは、「肥後の荘村省三」であるから、「柳川の中村祐興」と荘村は

『海外新聞』愛読者同士で、その後もつきあっていたのであろう。

三郎さんの母、すなわち祐興氏夫人は、戸籍謄本には「テウ」と書かれ、長子と称した。ヒコ夫人鋹子さんの戸籍には、「てう」と書かれたものもある。金偏の有無のちがいはあっても、「長子」と「鋹子」は、何か似かよったものを感ぜさせる。ヒコの『海外新聞』をめぐる奇縁の一つといえようか。

中村紙の発明者

中村祐興氏は文政十二年七月十日、柳川藩に生れ、明治元年徴士、大津県権判事を振出しに大参事から租税権助、平県参事を経て明治七年、紙幣寮に出仕、刷版局長・抄紙局長・抄紙部長と明治三十一年まで紙幣用紙の改良につくし、「中村紙」の発明家として、『内閣印刷局七十年史』にも、しばしばその名を記録されている。祐興氏が初代抄紙局長として、創業以来二十余年、抄紙部の基礎を築き、「中村祐興の名に因み中村紙と命名」とか、明治天皇・皇后・皇太后の行幸啓に御先導申上げたときのことなどが書かれている。

中村祐興氏の「忙中閑話」と題した読物が明治四十二年六月二十八日の『福岡日日新聞』に載っている。ちょうど宮内大臣―田中光顕が辞職したころであったから、話はこの田中光顕が明治初年、監督正《かんとくのかみ》から大蔵大丞になったとき、中村が田中のあとの監督正になった思い出からはじまり、印刷局に移ってからのことなどを、一行十八字組み、七十四行に語っている。

三郎さんは、父祐興氏死去のころ外地にいた。帰国したとき、生前、祐興氏が自伝的なことを新聞に語ったことがあると、母から聞いたというので、『西日本新聞』大阪支社編集部の中村武人記者に頼み、福岡本社資料部長―酒井隆男氏の厚意でさがし出すことができたのである。そして、この記事の最後は、「忘るべからず、抄紙界の元勲先づ此人を推すを」と結んでいる。

「中村祐興氏逝く」の記事も、明治四十二年十月十四日付け『福岡日日新聞』に載っている。記事は十八字組みルビつき本文十六行、さらに略歴が一行二十字組みで十六行ついている。そして子爵－曽我祐準・十時三郎・清水彦五郎の三人が「友人」として名をつらねた死亡広告も、この記事の隣に掲載されていた。

祐興氏の談話記事と死亡記事の写真を入手したわたしは、東京の三郎さんに報告した。三郎さんは、「貴翰正に披見いたしました。詳細の御報告に拙生の存知いたさぬ事を多分に相知り御礼申上升《ます》」の書簡を寄せた。

わが国新聞愛読者の先覚者である「柳川のナカムラ」のことを調べ、その中村祐興氏の子息である三郎さんから、「拙生の存知いたさぬ事を多分に相知り御礼申上升」と礼状をよせられるまでの調査ができたことは、わたしとして、まことにうれしいことであった。

二七　わが国の新聞誕生記念日

ヒコ、吟香、本間ら『海外新聞』発刊者の三人が、三人とも記録している元治元年六月が、わが国の新聞誕生の年であることは、岩男書簡の発見で立証され、疑う余地のない、信ずるに足る丁数づけの事実の裏付けによって確定した。

創刊の日は、元治元年六月の何日か、それは百年前のそのころの新聞製作過程を考えるとき、今日から推定することはむつかしい。ただ、ヒコがその自伝に「わたしは外国新聞の抜萃《ばっすい》を載せた日本語木版新聞を発行し〝海外新聞〟と名づけた」と記している日記体自伝の元治元年六月二十八日が、わが国の新聞誕生日にゆかりのある唯一の日であることは、事実である。この六月二十八日が、もし「新聞の日」とでもいうものを設けるのならば、ただ一つの有力候補ということができよう。

新聞週間が毎年、十月一日から一週間行われていた。これは昭和二十三年、占領下の総司令部新聞課長インボーデン少佐の提唱で、アメリカの新聞週間と時を同じくして行うために、十月一日からと定めたのであった。日本の新聞にとって、十月一日は特別に新聞とどういうつながりがあるという日ではなかった。しかも、アメリカでは、十月一日からでは、プロ野球のワールド＝シリーズがあるために昭和三十五年から、十月十五日から一週間に変っていた。

日本でも、十月一日は秋の行楽シーズン、芸術祭の蓋あけとあいまって、盛りたくさんの行事のはじまる日でもある。法の日であり、赤い羽根の共同募金がこの日から始まる。また、十月初旬は、毎年のように台風シーズンで、大きな被害があり、新聞週間の記念行事や旅行計画などに、しばしば支障をきたした。そこで、昭和三十七年と三十八年は、十月二十日からに変更された。アメリカと日を同じうするという趣旨は、すでに、忘れ去られてしまっていたのである。ところが、昭和三十九年は東東オリンピックの年であった。そこで、こんどは十月をさけて、十一月十日から一週間に再変更された。そうして、昭和四十年から、また十月二十日からにもどった。が、十月二十日から一週間は、わが国の新聞界とどういうつながりがあるか、といえば、何もない。八月七日だから八・七、すなわち「鼻」の日である。三・三の「耳」の日、六・四は「ムシ歯」の日など、ヘタな語呂あわせのような「日」もある。が、「新聞週間」の十月二十日には、そういう語呂あわせ的なものすらない。

ところが、ここに『ヒコ自伝』に『海外新聞』発刊のことをしるした「六月二十八日」という、わが国の新聞誕生記念日にふさわしい日があるのである。この「六月二十八日」を「新聞の日」とするか、それとも、『ナガサキ＝シッピング』発刊の六月二十二日から、『海外新聞』の六月二十八日までの一週間を新聞週間としてこそ、はじめて新聞週間という意義が生れてくるのではなかろうか。

ヒコは文化の恩人であった。その先覚的業績中、もっとも意義あるものは『海外新聞』の発刊であった。ヒコのわが国新聞界にたいする多くの、且つ大なる功績を正しく知り、評価するとき、元治元年六月二十八日は記念してよい日である。

略年譜（年齢は満年齢による）

年次	西暦	年齢	事蹟	参考事項
天保 八	一八三七	〇	八月二一日、現在の兵庫県加古郡播磨町古宮に生る。幼名は彦太郎	大塩平八郎の乱
九	一八三八	一	父死去	緒方洪庵、「適々塾」を大阪にひらく
一〇	一八三九	二		渡辺崋山・高野長英捕われる
一三	一八四二	五	（数年後に母は浜田家に再婚し、彦太郎も伴われて移る）	幕府、高島秋帆に砲術教授を許す
嘉永 一	一八四八	一一		フランス、二月革命おこる○共産党宣言発表
三	一八五〇	一三	五月一八日、母死去○九月、船で江戸へ向う○一〇月三〇日、遠州灘で暴風にあい漂流○一二月二一日、米船に救われる	太平天国の乱起こる
四	一八五一	一四	二月三日、サンフランシスコに着く	フランス帝政復活、ナポレオン三世即位
五	一八五二	一五	三月一三日、帰国のためサンフランシスコ発○五月二〇日、香港着○一〇月初め、再び渡	

嘉永	六	一八五三	一六	米の途に○一二月初め、サンフランシスコ着サンダース氏に伴われて東部への旅に出発○八月五日、ニューヨーク着○同月一三日、大統領ピヤース氏と会見	六月にアメリカの使節ペリー浦賀に来る
安政	一	一八五四	一七	一月一七日、ボルチモアのミッション＝スクールに入学○一〇月三〇日、カトリックの洗礼を受け、ジョセフの名を用いはじめる	一月にペリー再来、三月に米国と和親条約成る
	二	一八五五	一八		八月に幕府は洋学所を設ける○一二月にオランダとの和親条約成る
	三	一八五六	一九		二月、洋学所を蕃書調所と改称○七月に、ハリス下田総領事として下田に来る
	四	一八五七	二〇	一一月三日付けワシントンのイブニング＝スター紙に、グイン上院議員の発表したヒコのニュースが載り、社交界の流行児となる○一一月二五日、大統領ブキャナンと会見○そのころ、ブルックと相知る	八月、幕府は軍艦「咸臨丸」をオランダから買う
	五	一八五八	二一	六月一六日、ブルックから中国・日本近海測量艦の艦長つき書記に任用の辞令とどく○六月二二日、ペンシルバニアに旧友ウェン＝リ	六月一九日、日米通商条約調印。つづいてこの年オランダ・ロシア・イギリス・フランスとも条約を調印する

			ードを訪ね、帰国のあいさつをする○六月三〇日帰化、米国市民権をえる○九月二六日、クーパー号でサンフランシスコ出発○一〇月三日、初めて太平洋の測量に従う	
六	一八五九	二二	三月、ホノルルでクーパー号を下船、ウェン＝リードと再会○五月二二日、香港着○五月二九日、上海のハリスを訪ね、神奈川領事館通訳に決る○六月一八日、長崎着○六月三〇日、神奈川入港	六月に、神奈川・長崎・函館の三港を開港○年末に下田港閉鎖
万延一	一八六〇	二三	二月、領事館辞任○三月、貿易商館をひらく	一月に、新見豊前守正興らの遣米使節出発○三月に、桜田門外の変おこる
文久一	一八六一	二四	九月一七日、三度目の渡米の途につく	四月、アメリカ南北戦争はじまる○七月に水戸浪士、高輪のイギリス公使館を襲う
二	一八六二	二五	三月一二日、リンカーンと会見○一〇月一三日、横浜に帰り、再び米国領事館通訳の仕事をはじめる○一一月、ビジネス＝サーキュラーを出す	二月に、『官板バタビヤ新聞』発行される○八・九月に、『官板海外新聞』出る○八月、生麦事件おこる○森鷗外生る
三	一八六三	二六	九月三〇日、領事館辞任、再び横浜で商館をひらく○秋、『漂流記』上梓	長州藩外船砲撃○七月、英艦、鹿児島を砲撃

元治	一	一八六四	二七	六月、『海外新聞』発刊	七月、蛤御門の変○八月、長州征伐令○米蘭仏英連合艦隊下関砲撃
慶応	一	一八六五	二八	七月、『海外新聞』にリンカーン暗殺のニュース速報	福沢諭吉はこのころ、公務のかたわら横文字の新聞を翻訳し諸藩の留守居役に買ってもらう
	二	一八六六	二九	一二月二五日、横浜を去り長崎に向う	福沢諭吉の『西洋事情』出る
	三	一八六七	三〇	一月三日、長崎着○六月に、木戸孝允・伊藤博文が訪ねてくる	一月、ベーリーの『万国新聞紙』出る○二月、漱石生る○一〇月、徳川慶喜大政奉還
明治	一	一八六八	三一	八月七日、故郷古宮に帰る	二月、『太政官日誌』および会訳社の『中外新聞』出る○九月八日、「明治」と改元
	二	一八六九	三二	五月、神戸に永代借地権をうる○六月、香港造幣局の施設を買収し、大阪造幣局を創設するについて尽力する	五月、「出版条列」出る○九月、大村益次郎暗殺さる
	三	一八七〇	三三	長崎の会社破産	九月、アメリカ前国務卿シュワード来日○一二月、わが国最初の日刊紙『横浜毎日新聞』創刊
	四	一八七一	三四	一一月二日、故郷に「横文字の墓」をたてる	七月、廃藩置県○一〇月、岩倉具視ら欧米に出発
	五	一八七二	三五	八月、大蔵出仕となり「国立銀行条列」の編	二月、『東京日日新聞』、三月、『日新真

			纂に従う	事誌』、六月、『郵便報知新聞』と、東京に相次いで日刊紙生れる〇一一月、太陰暦を廃し太陽暦を採用〇一二月三日を明治六年元日とする
六	一八七三	三六	東海道を旅行する	一〇月、征韓論敗れ西郷隆盛ら辞職
七	一八七四	三七	大蔵省を退き横浜の岡本伝右衛門に請われて商業教習に従う	二月、佐賀の乱〇三月、『明六雑誌』創刊〇四月、台湾征討〇一一月二日、『読売新聞』創刊される。現存するわが国最古の新聞である
八	一八七五	三八	五月一日、北氏と合同、神戸で製茶の輸出貿易をはじめる	一一月に、新島襄の同志社誕生
九	一八七六	三九	北氏との茶商解散、単独の事業となる	一〇月、熊本の乱
一〇	一八七七	四〇	神戸郊外東明村に住む（鋹子夫人との結婚はこのころであったろう）	二月、西南の役おこる〇五月、木戸孝允死去〇九月、西南の役平定
一一	一八七八	四一		五月、大久保利通暗殺される
一二	一八七九	四二		二月、『朝日新聞』創刊〇三月、府県会初めてひらく
一三	一八八〇	四三		この年、国会開設請願運動激しくなる
一四	一八八一	四四	一月、神戸で新式精米所もはじめる	七月政変で、明治二十三年の国会開設の詔

				勅下る
明治一五	一八八二	四五		福沢諭吉の『時事新報』三月一日に創刊○早稲田大学の前身、東京専門学校創立さる
一六	一八八三	四六		七月、『官報』発行される
一七	一八八四	四七	一二月二六日、精米所の蒸気機関を貸し、神戸にはじめて電燈ともる	七月、華族令が定まり公侯伯子男の五爵となる
一八	一八八五	四八		一二月、内閣制度が定まり第一次伊藤内閣成立
一九	一八八六	四九		三月、帝国大学令公布される
二〇	一八八七	五〇	三月一二日、神経痛治療のため上京、駅頭で伊藤博文と再会する	正月、学位令公布される○いわゆる鹿鳴館時代
二一	一八八八	五一	二月四日、東京に移り住む	一一月、『大阪日報』を『大阪毎日新聞』と改題
二二	一八八九	五二	原町に転居	二月一一日、帝国憲法発布
二三	一八九〇	五三		一〇月、教育勅語○一一月、第一回帝国議会
二四	一八九一	五四		五月、ロシア皇太子大津で遭難○一〇月、濃尾大地震
二六	一八九三	五六	『開国之滴』出版される	六月、福島安正中佐、ベルリンから単騎シ

				ベリアを横断して帰国
二七	一八九四	五七		八月、清国へ宣戦布告
二八	一八九五	五八	『ナレティブ』下巻完成	四月、日清講和条約調印
三〇	一八九七	六〇	一二月一二日、心臓病で死去。青山の外人墓地に葬る	春、足尾銅山鉱毒事件おこる
昭和五	一九三〇		毎日新聞社が「先覚記者」に追祀する	
一〇	一九三五		神戸市が中央区中山手通六丁目に「本邦民間新聞創始者ジョセフ・ヒコ氏居址」碑を建てる	
二一	一九四六		一月九日、鋹子夫人死去	
三一	一九五六		五月一六日、「ジョセフ・ヒコ墓地保存会」生る○同月三〇日、鋹子夫人の遺骨を田端の大竜寺から青山の「浄世夫彦之墓」に改葬	
三五	一九六〇		一二月一九日、兵庫県加古郡阿閇村が「新聞の父浜田彦蔵《ジョセフ・ヒコ》の碑」を小学校庭に建て除幕式	
三九	一九六四		六月二八日、東京青山の「浄世夫彦之墓」墓前で「日本の新聞百年感謝奉告祭」を行う	
四七	一九七二		一二月一二日、「ジョセフ・ヒコ墓地保存会」を「ジョセフ彦記念会」に改組	

参考文献

ヒ コ著『漂 流 記』 文久三年（『異国漂流記集』所収、昭和三七年、吉川弘文館）

ヒ コ著 "The Narrative of a Japanese" 明治二八年五月上下完結 丸善株式会社書店

土方 久徴訳『漂流異譚、開国之滴』 明治二六年一一月 博 聞 社

土屋 元作著『新 聞 の 元 祖』 昭和四年二月

＊土屋大夢文集『夢中語』に再録されている。昭和六年一二月、土屋文集刊行会

久保田辰彦編『廿一大先覚記者伝』 昭和五年九月 大阪毎日新聞社

高市慶雄校訂並に解題『開国逸史、アメリカ彦蔵自叙伝』 昭和七年一〇月 ぐろりあそさえて

川嶋 右次著『民間新聞創始者 ジョセフ・ヒコ氏の生涯』『禾舟漫筆』 昭和八年一月

明治文化研究会『幕末明治新聞全集』第二巻『ヒコ海外新聞』 昭和九年一一月 大 誠 堂

＊世界文庫から昭和三六年に再刊された

横浜史料調査委員会編『ジョセフ・ヒコの略暦及びその国政改革草案』 昭和一五年三月

中川努・山口修訳『アメリカ彦蔵自伝』（東洋文庫） 昭和三九年二月 平 凡 社

以下に掲げるものは、いずれも著者近盛の書いたものである。

「播州の生んだわが国〝新聞の父〟ジョセフ・ヒコ」 昭和一一年八月
『大阪毎日新聞』の神戸・阪神・兵庫版

「新聞の父ジョセフ・ヒコ」 昭和二四年三月 日本新聞協会『新聞研究』第六号

「あやまった史実記事、新聞週間あれこれ」 昭和二四年一〇月一七日号
日本新聞協会『新聞協会報』

「最初の月極め読者」 上は昭和二九年六月二八日、下は七月一日、日本新聞協会『新聞協会報』

「ジョセフ・ヒコの命日を迎えて」 昭和二九年一二月一三日号『新聞協会報』

「海外新聞発刊九十年」 昭和三〇年四月、日本新聞学会発行『新聞学評論』第四号

「ヒコの墓を守る」 昭和三一年五月一七日、『読売新聞』（大阪）

「ジョセフ・ヒコ研究」 昭和三一年七月、『日本新聞学会々報』第一四号

「立証された〝海外新聞〟の元治創刊」 昭和三一年一〇月、『読売新聞』（大阪は一日、東京は二日）

「ヒコの帰化証明など」 昭和三三年一月、日本新聞協会発行『新聞研究』

「海外新聞と新聞誌」 昭和三四年一月、日本新聞資料協会発行『新聞資料』第一号

「ヒコの故郷」 昭和三四年二月、『新聞資料』第二号

「ヒコの受洗と帰化、HICO・DONからHECOまで」 昭和三四年三月、『新聞資料』第三号

「神戸のヒコ遺蹟」 昭和三四年四月、『新聞資料』第四号

「ヒコ墓地保存会」 昭和三四年五月、『新聞資料』第五号

「新聞誕生記念日」 昭和三四年六月、『新聞資料』第六号

「日米修好百年とヒコと神戸」 国際連合協会兵庫県本部発行『兵庫国連新聞』
昭和三五年九月一五日号

「新聞の父ジョセフ・ヒコ」 昭和三六年一月、新聞学研究会発行『新聞学研究』復刊第一号

「新聞の父ジョセフ・ヒコ」 昭和三七年、大阪書籍発行『中学国語』三年教科書

「日本の新聞起源」 日本新聞資料協会発行『新聞資料』、上は昭和三七年一月号、中は二月号、下は
三月号

「日本の新聞百年感謝奉告祭」 昭和三九年六月、『読売新聞』（東京は一三日、大阪は二五日、英文
読売は二二日）

「日本の新聞百年祭」 昭和三九年、「日本歴史」一一月号

「新聞週間と新聞誕生記念日」 昭和四〇年、「総合ジャーナリズム研究」一〇月号

「童子にも読なん新聞精神」 昭和四一年、「総合ジャーナリズム研究」七月号

「吟香・岸田朝臣桜」 昭和四一年、「総合ジャーナリズム研究」一〇月号
「『横浜毎日新聞』創刊日論争に終止符」 昭和四二年、「総合ジャーナリズム研究」二月号
「『海外新聞』の慶応発刊説は誤り」 昭和四三年、「総合ジャーナリズム研究」四月号
「彦の『海外新聞』元治発刊説」 昭和四三年、「新聞研究」五月号
「わが国最初の新聞発行者ジョセフ彦の碑」 昭和四四年、「フォト」一月一日号
「ワイオミング号の真相ジョセフ彦が観戦記を残す」 昭和四四年一二月二六日、『毎日新聞』（大阪）夕刊
『人物日本新聞史』 昭和四五年六月、新人物往来社刊
「海外新聞の創刊年について」 昭和四七年、「新聞研究」五月号
「先覚者を忘れないで」 昭和四八年、「年輪」五月号、同年六月「浄世夫彦」創刊号に再録
「新聞草創期の読者」 昭和五〇年、「新聞研究」六月号
影印本『ジョセフ彦 海外新聞』（早稲田大学図書館資料叢刊） 昭和五二年六月、早大出版部刊
「禁教下の聖書和訳」 昭和五三年、「歴史読本」八月号
「日米のジョセフ彦史料」 昭和五四年、「総合ジャーナリズム研究」一月号
「海外新聞と横浜毎日新聞」（『神奈川県史』各論編3 文化） 昭和五五年三月
『クリスチャン・ジョセフ彦』 昭和六〇年一月、アムリタ書房刊

著者略歴

明治四十三年生れ
昭和七年早稲田大学政治経済科卒業
大阪毎日新聞記者、新大阪整理部長、滋賀新聞編集総務兼整理部長、読売新聞(大阪)論説委員、帝塚山学院短期大学教授、関西大学講師等を経て
現在　ジョセフ彦記念会会長

主要著書
人物日本新聞史　ジョセフ彦　ジョセフ彦海外新聞〈編・解説〉　クリスチャン・ジョセフ彦　ジョセフ彦漂流譚

人物叢書　新装版

ジョセフ＝ヒコ

昭和三十八年十二月二十五日　第一版第一刷発行
昭和六十一年五月一日　新装版第一刷発行
平成五年六月十日　新装版第二刷発行

著者　近《ちか》盛《もり》晴《はる》嘉《よし》
編集者　日本歴史学会
代表者　児玉幸多
発行者　吉川圭三
発行所　株式会社吉川弘文館
東京都文京区本郷七丁目二番八号
郵便番号一一三
電話〇三―三八一三―九一五一〈代表〉
振替口座東京〇―二四四
印刷＝平文社　製本＝ナショナル製本

『人物叢書』(新装版)刊行のことば

人物叢書は、個人が埋没された歴史書が盛行した時代に、「歴史を動かすものは人間である。個人の伝記が明らかにされないで、歴史の叙述は完全であり得ない」という信念のもとに、専門学者に執筆を依頼し、日本歴史学会が編集し、吉川弘文館が刊行した一大伝記集である。

幸いに読書界の支持を得て、百冊刊行の折には菊池寛賞を授けられる栄誉に浴した。

しかし発行以来すでに四半世紀を経過し、長期品切れ本が増加し、読書界の要望にそい得ない状態にもなったので、この際既刊本の体裁を一新して再編成し、定期的に配本できるような方策をとることにした。既刊本は一八四冊であるが、まだ未刊である重要人物の伝記についても鋭意刊行を進める方針であり、その体裁も新形式をとることとした。

こうして刊行当初の精神に思いを致し、人物叢書を蘇らせようとするのが、今回の企図である。大方のご支援を得ることができれば幸せである。

昭和六十年五月

日本歴史学会

代表者 坂本太郎

〈オンデマンド版〉

ジョセフ＝ヒコ

人物叢書　新装版

2020年（令和2）11月1日　発行

著　者　近《ちか》 盛《もり》 晴《はる》 嘉《よし》

編集者　日本歴史学会
代表者 藤 田　覚

発行者　吉 川 道 郎

発行所　株式会社 吉川弘文館
〒113-0033　東京都文京区本郷7丁目2番8号
TEL　03-3813-9151〈代表〉
URL　http://www.yoshikawa-k.co.jp/

印刷・製本　大日本印刷株式会社

近盛　晴嘉（1910～2002）

ISBN978-4-642-75038-7